Antonio F. Siri

Reflexiones al final del camino

Antonio F. Siri

Reflexiones al final del camino

Ensayo

JustFiction Edition

Imprint

Cover image: www.ingimage.com

Publisher:
JustFiction! Edition
is a trademark of
International Book Market Service Ltd., member of OmniScriptum Publishing Group
17 Meldrum Street, Beau Bassin 71504, Mauritius

Printed at: see last page
ISBN: 978-613-7-39320-8

REFLEXIONES AL FINAL DEL CAMINO

Ensayo

Antonio F. Siri

A Rosita Houbey

La dulce maestra que me enseñó a leer y escribir

Agradecimientos A

Daniel Xodo

Por el prólogo

Juan Manuel Difilippo Edwin Flores

Por su cooperación en la transcripción dactilográfica

Ivan Kollman

Por su colaboración en la consulta bibliográfica

TEMAS DESARROLLADOS

PROLOGO

Es muy difícil ser objetivo con las reflexiones de alguien a quien uno admira, como es en mi caso, con el autor. Y a la vez, esa admiración nos compromete a ser veraces sin concesiones en el juicio que ellas provocan.

El autor logra una lectura que atrapa en el análisis de ideas y categorías que definen a la vida de los hombres con razones dictadas por una experiencia de vida larga y fructífera, para sí mismo y para la sociedad.

El relato de hechos y circunstancias aleccionadoras se vincula aquí con la reflexión filosófica referida a ellos y la visión de conceptos empíricamente relacionados – hombre y sociedad, familia y amigos, profesor y maestro, trabajo y ocio – y otros que aparecen como antitéticos – derechos y obligaciones, ser y deber ser, ignorancia y conocimiento, resignación y resiliencia –, entre los cuales elabora consideraciones señalando las decisiones que construyen los senderos que el hombre transita.

"Reflexiones al final del camino", como ensayo, bien podría ser mirado desde la perspectiva orteguiana en la que "*El hombre no tiene naturaleza, sólo tiene historia".* Sin embargo, el relato de estas meditaciones, elaboradas a partir de la experiencia vital, excede el marco de las vicisitudes circunstanciales, las penas y alegrías, la conciencia de lo efímero y lo trascendente. Y esa experiencia no lo es tanto en

su subjetividad sino en "*lo que sucede y es lo que es*". Propio de la naturaleza de las cosas y no de la subjetividad individual.

Prudentemente, Antonio Siri no lo plantea en estos términos, sino a través de captar el significado de las situaciones sobre las cuales reflexiona, de modo que la realidad se presta a las operaciones mentales que la describen, guiadas por su intuición, sus conocimientos y el camino recorrido.

No está solo en la reflexión. Se acompaña de criollas convicciones y castizos versos, tanto como de filósofos y poetas clásicos, teóricos sociales y pensadores religiosos, a los que cita en afirmaciones apropiadas de sus conceptos.

A través de la ponderación de circunstancias y decisiones de su vida establece perspectivas en las cuales no falta, la observación aguda de la conducta de los hombres, individual y social, los valores que enuncian y los que realmente defienden, y también su propia autocritica.

El análisis descarnado de realidades del siglo XXI no lo hace perder de vista los ejemplos a imitar y los nobles principios a seguir. El texto se transforma por momentos en un torbellino de ideas e imágenes del cual emergen, rescatados en las palabras, los valores que hacen a la vida buena y trascendente, sin cuantificar los logros, del mismo modo que el autor lo haría en un diálogo de sobremesa.

Pero, "*soy hombre y nada humano me es ajeno* ", su misericordia, que absuelve errores que se atribuye, lo induce a serlo con los ajenos, en una mirada en la cual la edad y la Fe que profesa llenan de amor y piedad cristianas.

Es fácil intuir en sus párrafos las nociones de Bien, Verdad y Belleza y la concepción platónica de sus vínculos. No obstante su racionalismo lo aparta del idealismo de esa visión y le permite rescatar, en un enfoque positivista, otros valores creados por el hombre y que son útiles para el individuo y su entorno social.

El hombre, según el autor, está teleológicamente direccionado socialmente al bien y es la propia voluntad quien sostiene ese sentido de la vida y lo rescata del necesario egoísmo de la supervivencia y de las circunstanciales desviaciones fruto de las ambiciones y condicionamientos de la vida moderna.

Señala así los errores enalteciendo la dignidad moral humana por encima del materialismo, e incluso por encima de concepciones religiosas. No se complace en la autosuficiencia sino en el esfuerzo cotidiano, el sacrificio del *placer* ante el *deber*, el *poseer* postergado ante la suprema realidad del *ser*, entendiendo que esa ontología es el bien supremo al que puede aspirar el hombre, aun despojado de cualquier esperanza redentora.

El hombre es lo que él mismo conquista a partir del comienzo de su existencia, propone Siri, teniendo por armas para la

propia mejora las concepciones éticas e intelectuales recibidas de la familia y el entorno social.

Hay en sus concepciones un sentido de nobleza intrínseca que todos pueden obtener a partir de sus propias y humanas luchas relatadas por alguien que ama el vivir y la realización del ser en su más amplia dimensión.

Recorrer las páginas, a veces densas de conceptos, desafía al lector a pensar en sus propias convicciones y experiencias. Lo moviliza al recuerdo de alternativas y circunstancias, ideas y realidades que las confirmaron o refutaron y lo coloca, como necesaria consecuencia, contagiado de la actitud del propio autor: la necesaria alegría de vivir.

Hay quizás una sombra del *"superhombre"* en el rol que supone de cada quien en su vida y sin embargo, es la noción del Amor, como don de Dios a los hombres, quien lo absuelve de la soberbia y lo proyecta hacia su propia convicción de persona desde y hacia el Creador.

Tandil, Junio de 2017 **Daniel Xodo**

PRESENTACION

La vida es un camino largo, especialmente cuando se han alcanzado y superado los 90 años, como es mí caso. Es entonces que se experimenta la necesidad imperiosa de poner en claro las ideas y reflexionar profundamente sobre el sentido de las cosas.

Es allí donde se empieza a tomar conciencia sobre lo difícil de la tarea, porque no solo es compleja sino también porque supone un profundo examen de la propia conciencia y un sinceramiento consigo mismo. Aceptar tamaño desafío es un riesgo que no puede eludirse, pues constituye condición necesaria, pero asusta y genera dudas sobre la capacidad de poder superarlo. Sin embargo, la decisión está tomada y así comienza esta historia.

No soy un escritor ni es mi pretensión intentar serlo. Ni siquiera soy ingeniero, aunque tenga el título de tal, ni economista, aunque me gane la vida haciéndolo, ni empresario, aunque mi labor transcurra en ese mundo. Tampoco soy hábil para el trabajo manual y si fuera un aborigen seguramente mi pseudónimo sería el de Manos Torpes. Cuál es entonces la vocación que inspiran mis actos y constituye el propósito de las actividades que desarrollo? Sin ninguna duda la respuesta es la docencia, que impregna mi conducta y justifica socialmente mi existencia. Esta es la profunda razón por la que me he animado a escribir estas páginas, dedicadas una vez

más a quienes fueron mis amigos y mis alumnos, a los que siempre intenté dejar una lección de la verdad y de la razón, como pilares básicos del pensamiento y la calidad de sus acciones. No pretendo evaluar el resultado del intento, por la mezquindad del talento que dispongo para hacerlo, pero sí puedo dar fe de la nobleza de intenciones y del amor sincero que inspira la presente dación.

Bahía Blanca, abril del 2017.

LAS MULTIPLES MAGNITUDES

Uno de los pilares básicos del pensamiento metafísico es el teleológico, que se refiere específicamente a los propósitos y objetivos de la vida humana. Tan es así, que desde chicos se nos pregunta siempre que queremos ser cuando seamos grandes y yo recuerdo que en mi más tierna infancia pensaba ser bombero por la imagen de héroe que conlleva el oficio, para más tarde en la primera adolescencia, soñaba con ser aviador porque las películas de ese tiempo exaltaban la figura del piloto de aquellos clásicos biplanos de la primera guerra mundial. Cuando concluí el bachillerato se me presentó la necesidad de decidir la carrera universitaria, en una edad en que las vocaciones no siempre están claramente definidas y en alguna medida me daba lo mismo estudiar medicina, abogacía, ingeniería o cualquier otra disciplina. Y por qué me sucedía todo eso? Quizá fuera por las múltiples magnitudes que componen el ámbito de la vida del hombre y que a esa edad no estaba en condiciones ni siquiera de avizorar su existencia.

Cuando estudiamos física se nos imparte el concepto de magnitud, que en el lenguaje abstracto de la ciencia es todo ente susceptible de la igualdad y de la suma, y caracterizamos así las tres especies fundamentales : masa, longitud y tiempo o en otros términos, materia, espacio y tiempo. Pasando ahora al terreno de la antropología, es posible admitir que la vida humana abarca una amplia gama de magnitudes que le son propias y que el sujeto va identificando a lo largo de los años, como resultado de una experiencia intransferible. La simple observación de la conducta del niño en su primer infancia permite señalar su afán de conocer a través de los sentidos el mundo exterior. Mira con curiosidad, alarga sus brazos y mueve los deditos para tocar todo lo que le rodea y seguramente, ubica por el olfato y el gusto el pecho de la madre que lo amamanta. El conocimiento para él es la clave que garantiza la supervivencia y no dejará de acompañarlo por el resto de su vida y los sentidos, el instrumento de alarma ante el peligro que pueda acechar su subsistencia. Tan cierto es todo esto, que el proceso habrá de persistir sin solución de continuidad y vendrá así el jardín de infantes, la escuela primaria, el ciclo secundario y con suerte los estudios superiores y nadie lo duda ni lo discute, hasta llegar en nuestros días a una forma de civilización que se califica peyorativamente como la sociedad del conocimiento. Claro que ahora no bastan los sentidos, aunque su contribución sea indispensable. Es necesario recurrir además al aporte de la inteligencia y de la voluntad de perseverar en el esfuerzo, sin cuyo concurso significativo nada podría lograrse. Aparecen de esta forma dos magnitudes conexas con el conocimiento : la educación y el trabajo.

Concluida la adolescencia y culminados los trayectos formales de la educación, nos encontramos con el estado de situación del novel adulto, comenzando entonces los requerimientos de la vida económica. Hay que sufragar los gastos de subsistencia y por supuesto, tratándose de jóvenes,

los de esparcimiento y diversión y para todo ello hace falta dinero. Hay diversos caminos para obtenerlo y la decisión por uno de ellos depende del bagaje de valores recibidos en la primera etapa de la vida. Si se hubiera inducido la honestidad y el hábito del esfuerzo y hasta el sacrificio, no cabe duda que el derrotero seria el del trabajo productivo y si así no ocurriera, otras opciones menos felices constituirían la alternativa. Pero en uno u otro caso, la pasión por la riqueza reconoce este comienzo y habrá de persistir por un largo tiempo.

Primo vivere decían con sabiduría los romanos. En efecto, la primera obligación del hombre es sobrevivir y en la vida económica poder afrontar los gastos que demanda una existencia honorable, sufragando las obligaciones elementales y adquiriendo los bienes para la superación y perfeccionamiento, pudiendo garantizar de esta forma la libertad de conducta, que se pierde cuando se carece de tales medios. La riqueza se legitima así como escudo de la propia libertad, pero debe evitarse que se transforme en lanza contra el albedrío de otros seres menos felices.

Al comenzar la etapa de la edad adulta, el hombre toma conciencia del límite de tiempo que abarca su existencia, ya que la vida humana tiene un sentido trágico porque encuentra su término en la muerte y así se ve obligado a atender el imperativo de su transcendencia. Como parte de la especie, formando la familia y teniendo hijos y como individuo, con la gloria que le reporten las obras que realice y lo sobrevivan.

Al culminar la madurez es frecuente iniciar una especie de balance de la actuación cumplida, donde en un símil contable se pondera el activo de logros alcanzados y se aprecia con pesar el pasivo de frustraciones sufridas, aspirando que el patrimonio resultante tenga signo positivo. Tal juicio crítico que arroja la evaluación practicada pone en conflicto el peso relativo de las distintas magnitudes que han orientado el devenir de la propia existencia, mostrando las virtudes y las falencias que revelan tener algunos episodios puntuales. Muchas veces surge así que en ocasiones, los sentimientos cedieron ante la codicia y la gloria y generan la intención de rectificar el camino en la etapa postrera a recorrer.

En la edad más avanzada, cuando se han atenuado las pasiones y no queda tiempo disponible para iniciar nuevos intentos, es que aparece la última y más importante de las magnitudes : la reflexión, que es el pensamiento profundo sobre las cosas y sin duda, la valoración más acertada del sentido de la vida. La mortaja no tiene bolsillos dice el saber popular y esa extrema verdad hace que pierdan significado las cosas materiales que no se pueden llevar consigo y que dan ahora sentido último a la trascendencia. Los bienes para los hijos y las obras para la sociedad y cada uno pondera a su propio entender cuál de esas alternativas ha sido más importante. Alguna vez se le dijo a John F. Kennedy, Presidente de los Estados Unidos "Qué país le dejamos a nuestros hijos?", a lo que él respondiera "Qué hijos le dejamos a nuestro país?", en esa especie de dilema entre la

trascendencia familiar y la trascendencia social con los actos que jalonan nuestra propia existencia.

De la relación anterior, es posible pensar que el hombre va cambiando su conducta en función de la edad y las experiencias vividas y que tal fenómeno, ocurre como consecuencia de la variación del valor relativo con que se van apreciando en los tiempos las diferentes magnitudes. En la juventud, prevalece una forma de homo sapiens, privilegiando la educación como forma de alcanzar el conocimiento, para al acceder en la edad adulta al homo faber, que trabaja para lograr la riqueza y la trascendencia, formando la familia y dejando las obras para la gloria. En las puertas de la vejez se intenta el juicio crítico de lo actuado y por lo general, se sobreestiman los éxitos y las culpas por los fracasos, para llegar en las postrimerías de la vida al tiempo calmo de la reflexión y la paz interior.

Una magnitud muy especial es la de creer en Dios, que impregna a todas las demás y asume un carácter fundamentalmente subjetivo. Más allá de la transmisión recibida por la vía familiar y de la práctica del ritual religioso, la fe es un sentimiento profundo que inspira la conciencia del hombre y determina la autenticidad de sus actos, superando el racionalismo que impone la ciencia y el egoísmo que dicta el instinto de conservación. Se trata entonces de un plano superior del espíritu, al que es posible llegar solamente por la vía de la convicción personal.

En resumen, la multiplicidad de magnitudes y la variación del valor relativo con que el hombre las aprecia, van definiendo las distintas etapas de la vida, en la que se escalonan las horas de aprender para alcanzar el conocimiento, con la dedicadas al trabajo y la riqueza, acceder a la transcendencia, hacer el juicio crítico de lo actuado y finalmente, buscar en la reflexión la posibilidad de que todo ese conjunto constituya una verdadera obra de arte. El más significativo de todos : el arte de vivir.

LAS DIMENSIONES Y SUS LÍMITES

En las páginas precedentes se han examinado las múltiples magnitudes con que se desenvuelve la vida humana, así como el cambio del valor relativo entre ellas a medida que avanza la edad. Pero el panorama se complica cuando se toma en cuenta la intensidad con que impacta cada una y el límite que razonablemente no debe desbordarse. En otras palabras, hay que poner el acento ahora en la dimensión o medida con que actúa cada magnitud sobre el comportamiento del sujeto. Así, el aforismo latino "Todo en su medida y armoniosamente" explica con sabiduría el concepto y muestra que la calidad de la existencia requiere la concurrencia simultánea de múltiples magnitudes y un equilibrio razonable entre los aportes de cada una de ellas, para alcanzar la forma de una melodía vital y estética.

En consonancia con las ideas expuestas, la contribución del conocimiento se ubica entre el piso de la ignorancia y el techo de la sabiduría; el trabajo entre la haraganería y la adicción compulsiva; la riqueza entre la indigencia y la opulencia; la trascendencia entre la apatía y la ambición por la gloria y la reflexión entre la banalidad y la cavilación. En todos los casos surge la razonabilidad de encontrar la justa medida como clave del éxito. Claro que aquí sería necesario precisar qué se entiende por éxito y en el terreno de la reflexión y de la vida espiritual, lo más cercano sería algo así como la felicidad y la

paz interior. Todos conceptos abstractos cuya complejidad exige un análisis más profundo.

La sociedad moderna le plantea al hombre la exigencia de alcanzar los objetivos que se propone como razón de vida y cuando lo logra, ha conseguido el éxito. Tan es así, que con todo acierto David McClelland califica a los Estados Unidos como la sociedad del logro (del éxito), que en la organización capitalista significa ganar dinero y acrecentar el patrimonio propio. Esta hipervaloración del resultado económico ha conducido a crear un modo de vida donde para ser hay que poseer, doblegando el concepto de espiritualidad, donde para ser hay que valer. Quizá los países latinos sean menos florecientes en su crecimiento y niveles materiales, porque todavía conservan vestigios de una cultura clásica no inspirada exclusivamente en la riqueza, abriendo así un debate entre tales modelos alternativos.

También influye en la dimensión del aporte relativo de las distintas magnitudes el concepto del tiempo, diferenciando los objetivos a alcanzar a corto plazo, de aquellos que se ubican en un horizonte más lejano. Ocurre entonces que muchas veces se privilegia el logro de lo inmediato, en detrimento de otros más trascendente pero que requieren tiempo para ser cumplidos y en la hora postrera de la reflexión, el sujeto recién se percata del error cometido y sus penosas consecuencias. La conclusión es simple : la verdadera sabiduría reside en definir una estrategia de vida, que afirme la coherencia de la conducta

a lo largo del tiempo y dé forma concreta a la propia personalidad.

Resulta claro comprender ahora la importancia que debe darse a la dimensión con que incorporamos cada magnitud a nuestra conducta, para no caer en los desvíos de falencia o de exceso. Así, no debemos exagerar el tiempo que dedicamos al conocimiento, a menos que pretendamos ser sabios, ni tampoco los esfuerzos para alcanzar la riqueza, en desmedro del resto de nuestras posibilidades. Tampoco resulta recomendable una adicción superlativa al trabajo, recordando siempre que se debe trabajar para vivir y no vivir para trabajar. De esa concepción moderada de las cosas, tomar conciencia que el equilibrio y la armonía de la vida transitan por los caminos intermedios y nunca por sus bordes.

El SER Y EL DEBER SER

Cuando René Descartes afirma la existencia del ser fundada en su capacidad de pensar, da forma al racionalismo y genera un salto cuántico en la cultura moderna y a su nave insignia, el iluminismo francés. Tres siglos más tarde, Jean Paul Sartre invierte los términos de la ecuación filosófica y ahora es la existencia la que sirve de base al pensamiento. Se origina a partir de entonces un enfoque distinto del comportamiento, donde el predominio de la inteligencia y la razón ceden espacio a la joie de vivre, configurando una corriente conocida universalmente como el existencialismo.

El siglo XX es el periodo histórico que marca el auge de esa nueva concepción de la vida, inspirada ahora en la búsqueda de la diversión y el goce de los sentidos y en la obtención de los medios materiales, como vía para alcanzar tales logros. El hombre como individuo y la propia sociedad en la que convive caen en manos de un materialismo dominante, que exalta las bondades de una forma de civilización dependiente de la economía y la tecnología. Evidentemente este es el ámbito del ser actual, pragmático y hedonista, que concentra sus esfuerzos en la búsqueda de una entelequia inalcanzable, como lo es la felicidad.

Tamaña mutilación afecta considerablemente la dignidad del hombre, como sujeto superior de la creación, menoscabando la importancia de sus otras calidades. Así, volviendo a Descartes, la inteligencia humana es la que coloca a la especie por encima de todas y le permite dominar las fuerzas de la naturaleza en su propio beneficio, haciendo verdad el aforismo aristotélico "quod non ascendam", hasta donde no llegará el hombre en la conquista del espacio exterior y la develación de los misterios insondables del universo.

Es necesario por lo tanto apreciar no solo a ese ser concreto que debe sobrevivir en un mundo materialista tecnologizado, sino tomar conciencia también de su capacidad para elevarse por encima de ese mezquino escenario, con la contribución de su inteligencia, sus ideales, el amor al prójimo y aquellos otros nobles sentimientos que permiten afirmar que en efecto fue creado a imagen y semejanza de Dios.

Nuevamente aquí vuelve a presentarse el dilema de decidir nuestra conducta de ubicación entre los planos alternativos del ser y del deber ser y optar si preferimos comportarnos como egoístas, privilegiando el propio interés o altruistas, pensando en los demás que nos rodean. Si queremos dedicar todos los esfuerzos a la riqueza o por el contrario, si lo hacemos por el conocimiento, los servicios sociales, los ideales políticos, filosóficos o religiosos. Cuando las flechas apuntan solamente hacia adentro y el individuo se encierra en proteger los beneficios de él y su familia, la existencia transcurre oscuramente por un sendero solitario. Cuando por el contrario, las flechas apuntan hacia afuera aparece el hombre solidario como un escalón más alto de la conducta humana. Claro está que como siempre el equilibrio es necesario y deben

mantenerse los pies sobre la tierra asegurando la supervivencia, pero permitiendo a la vez que el espíritu se eleve a las nubes para poder afirmar la condición superior de la especie.

Ser y deber ser y en su justa medida, son condiciones necesaria y suficiente para alcanzar la plenitud. El hombre justo pone sus pies en la tierra pero no repta en ella, asumiendo a cabalidad con prudencia y coraje los desafíos que le plantea la realidad. Es el campo del ser pero no se limita a él, permitiendo que el espíritu tome vuelo hacia el cielo de sus ideas y sus ilusiones y éste es el campo del deber ser. El equilibrio y la armonía entre ambas opciones puede hacer de la vida del hombre una verdadera obra de arte. La más sublime de todas, la de saber vivir.

LOS DERECHOS Y LAS OBLIGACIONES

El hombre es por naturaleza un ser gregario, que necesita para su subsistencia convivir con otros. Así, sobre la base de la unidad elemental que es la familia, va integrándose en forma de clanes, tribus, ciudades y naciones, hasta llegar a la situación actual de la sociedad moderna. La armonía de las relaciones que se generan y la permanencia de los vínculos que las mantienen requieren garantizar en lo posible la libertad de cada participante, para que le permita desarrollar sus capacidades y disfrutar el resultado de sus esfuerzos. Pero la sociedad a su vez, necesita la solidaridad de todos, para poder constituir un conjunto homogéneo y permanente. Siendo esto así, libertad y solidaridad no deben considerarse como elementos antagónicos sino complementarios en la construcción de un mundo mejor. La libertad se afirma garantizando los derechos individuales y la solidaridad como el compromiso y las obligaciones que cada sujeto contrae con el conjunto del que forma parte.

No puede concebirse entonces que una sociedad funcione sin el respeto a los derechos de cada persona, pero tampoco es viable si estas mismas personas no cumplen a su vez con sus obligaciones con los demás. La ecuación social exige inexorablemente la coexistencia de ambos términos, ya que derechos sin obligaciones u obligaciones sin derechos solo pueden dar sustento a una sociedad desequilibrada e injusta, que corre el riesgo de quedarse simultáneamente sin ambos elementos y emprender el camino de su propia disolución.

El Leviatán de Hobbes advierte que el hombre padece de una tendencia a agredir al otro, fundada en la competencia por los bienes que desea poseer, por el poder de imponer su voluntad y por la necesidad de anticiparse al ataque que a su vez pudiera recibir. Antitéticamente, debe convivir en un contexto compatibilizando entonces solidaridad y agresión, en una muy difícil y conflictiva ecuación social. Nace en consecuencia el requerimiento de creación del Estado, como la organización jurídica compuesta de normas e instituciones de aplicación que garantice la convivencia, marcando los límites a los derechos individuales y estableciendo las obligaciones que cada uno debe respetar, para que el conjunto funcione armónicamente. Es el llamado Estado de Derecho, pero tal calificación lleva implícito además el aditamento de las Obligaciones a respetar.

En la actualidad, los países desarrollados que van a la cabeza de la civilización, revelan tener claro concepto social de los derechos y las obligaciones relativas a cada ciudadano y por lo general, el Estado y sus instituciones funcionan con arreglo a esta circunstancia. Lamentablemente no ocurre lo mismo en otras sociedades como la nuestra, que se debaten en el escenario del subdesarrollo, experimentando toda clase de falencias e infortunios, que agitan la vida del ciudadano. En este contexto, el Estado no cumple cabalmente con su cometido y las prestaciones que realiza en materia de

seguridad, justicia, educación, salud, infraestructura y administración, son precarias e insuficientes. La sociedad en contrapartida exige perentoriamente el respeto a sus derechos, pero no hace lo mismo con el celo de cumplir sus obligaciones, retaceando el pago de tributos, cometiendo infracciones de todo tipo y aminorando los esfuerzos dedicados a la educación y el trabajo productivo. Todo ello resulta evidente a la simple observación de los hechos cotidianos. Piquetes que reclaman derechos genuinos no atendidos, cortan el tránsito a miles de usuarios, que dejan de ir a sus propias obligaciones; maestros que reclaman con justicia una mejor remuneración, hacen paros y quedan sin clase miles de alumnos de todos los niveles, lesionando su formación y originando consecuencias nefastas para su futuro; obreros, empelados y profesionales, que en defensa de legítimos derechos paralizan su actividad y hacen caer significativamente la producción de bienes y servicios indispensables para toda la población; funcionarios públicos, que no siempre acreditan tener la idoneidad para el puesto que ocupan y que con lamentable frecuencia son acusados de caer en actos de corrupción, afectando el interés general por la incorrecta gestión de los fondos públicos. En este panorama, la sociedad se comporta como si se tratara de un cambalache discepoleano, donde parece imposible encontrar la punta del ovillo y volver a organizar correctamente la trama.

¿Cómo hacer para revertir una situación tan deplorable? Hay que lograr que el Estado cumpla su rol a cabalidad, que sus

gobernantes tengan la estatura de verdaderos estadistas y sus funcionarios sean honestos y capaces. Que los trabajadores trabajen, los maestros enseñen, los estudiantes estudien y en general, todos puedan gozar de sus derechos si cumplen con sus obligaciones y esta receta casi onírica, está impregnada de heroísmo. El mismo heroísmo que movió a Winston Churchill al ofrecerle al pueblo inglés solo sangre sudor y lágrimas, como precio para que el Reino Unido pudiera ganar la guerra; a Charles De Gaulle a levantar la bandera de la Francia libre, cuando el país había caído derrotado por Alemania y a tantos otros líderes, que en similares circunstancias supieron esgrimir la espada de su inteligencia y su coraje y como Alejandro Magno, desatar de un tajo el nudo gordiano.

Argentina es un gran país, pero está en guerra consigo misma. El punto de partida parece ser por lo tanto una reconciliación general, entre el Estado y la sociedad, los empresarios y los empleados, los intelectuales y los trabajadores, los docentes y los alumnos, los civiles y los militares, los ricos y los pobres, en la búsqueda de consensos basados en la equidad, el usufructo de los derechos y el cumplimento estricto de las obligaciones de todas las partes. Sin estos supuestos resulta difícil concebir que sea posible el desarrollo nacional, tanto en materia económica, como social, política y cultural y ascender al nivel de una sociedad moderna, próspera y feliz.

GOBERNAR Y DURAR

Como se ha visto en páginas anteriores, el Estado surge de la necesidad de compatibilizar la convivencia social con la naturaleza agresiva del hombre hacia sus congéneres. Se crean así instituciones y se dictan normas, que confieren la autoridad de aplicación a quien asume tal forma de poder. Es el gobierno del Estado, que debe garantizar a la sociedad que lo crea y contrata para ello, la seguridad de todos sus integrantes y el clima de paz y armonía indispensable para su desarrollo y progreso.

Cualquiera fuera la forma con que la sociedad designe a sus gobernantes, va implícito que tales mandatarios deben cumplir a cabalidad con su cometido, haciendo uso del poder conferido con prudencia, honradez e idoneidad, de modo de merecer la categoría de verdaderos estadistas. En tales condiciones, los resultados de la gestión realizada se traducen en el progreso material, social y cultural del contexto a su cargo. Lamentablemente, no siempre ocurre como tal, ya sea porque se gobierna privilegiando el interés personal por encima del comunitario o porque quien ejerce la autoridad no revela tener la calidad y el talento adecuado para ello. Las consecuencias para la sociedad son por lo menos desfavorables, cuando no nefastas en el futuro, introduciendo ahora el significado del tiempo que dura cada gobierno. Es esto lo que Gastón Berger y otros prospectivistas franceses llamaron tex "tiempo existencial" de la gestión.

Como reflexión personal viene a mi memoria un hecho fortuito que me tocara vivir hace muchos años. Estaba ocasionalmente recogiendo información en el entonces CIN - Consejo Interuniversitario Nacional-, cuando imprevistamente ingresara quien era entonces Ministro de Cultura y Educación del PEN -Poder Ejecutivo Nacional-. Nos saludamos cordialmente y de pronto el alto funcionario me dijo algo así como "que suerte que lo encuentro aquí, porque me gustaría saber que haría usted en mi lugar frente a tal problema - que describió específicamente-". Halagado por la consulta y tras una breve consideración, procedí a darle mi opinión al respecto, a lo que el ministro contesto despectivamente, soltando una sonrisa y diciendo "si yo hago lo que usted dice no duro un día en el cargo", por lo que me sentí molesto y le acoté "comprendo, pero yo creía que usted había venido a gobernar, no a durar". Nunca más me saludó. La anécdota muestra algunas aristas deplorables de la sensualidad del poder, cuando éste otorga beneficios personales y crea en el sujeto la necesidad de subsistencia en la función, lo que explica que la primera prioridad sea en tal caso durar y no la de asumir a cabalidad los riesgos que implican los verdaderos actos de gobierno. Surge claramente entonces, que gobernar y durar no son términos antitéticos cuando se cumple con los requerimientos de una adecuada gestión.

Reflexionando sobre las ideas anteriores, resulta interesante advertir la diversidad de situaciones que se dan en Argentina en el tiempo histórico, a partir de la Constitución de 1853 en que tiene nacimiento el proceso de organización nacional. Así, en materia de duración, el gobierno de Julio A. Roca es el que registra el mayor lapso en el poder, doce años y en forma de dos periodos constitucionales de seis años cada uno y separados por un mandato intermedio entre ellos. En materia de permanencia, se ubica a continuación Carlos Menen, que llega a una década en forma de dos tramos sucesivos de seis y cuatro años respectivamente, para luego consignar con la misma extensión, las tres presidencias de Juan Perón, solo completada en la primera de ellas. Con la extensión de ocho años aparecen los dos periodos constitucionales de Hipólito Yrigoyen y Cristina Fernández, correspondiendo a todos los restantes casos extensiones de tiempo menores a las precedentes. En contraste con estas situaciones de largo aliento, se dan otros escenarios de vigencia muy corta como el de Héctor Campora, de solo 49 días y los de Santiago Derqui - dos años-, Miguel Juarez Celman -dos años-, Fernando De la Rúa -dos años-, Arturo Illia -dos años y fracción-, para citar los ejemplos más resonantes, sin considerar mandatos efímeros como los que ocurren en diciembre de 2001 y hasta el de solo unas horas de Federico Pinedo, al culminar la gestión de Cristina Fernández.

Sin abrir juicio sobre la calidad y resultados de cada gobierno, son numerosas las presidencias que fueran colapsadas por intervenciones militares a partir de 1930, en que José Felix Uriburu depone a Hipólito Yrigoyen, para continuar con Arturo Rawson haciendo lo propio con Ramón Castillo, Eduardo Lonardi e Isaac Rojas a Juan Perón, Raúl Poggi a Arturo Frondizi, Juan Carlos Ongania a Arturo Illia y Jorge Videla y Eduardo Massera a Maria Estela Martínez. Tratándose de gobiernos de facto fundados por su propia naturaleza en el ejercicio de la fuerza, la duración del mandato en el poder queda condicionada a los cambios en el comando militar y así Arturo Rawson es remplazado por Pedro Ramirez y éste por Edelmiro Farrell; Eduardo Lonardi por Pedro Aramburu; Juan Carlos Ongania por Roberto Levingston y él por Alejandro Lanusse; Jorge Videla por Roberto Viola, Leopoldo Galtieri y Reynaldo Bignone y en todos los casos, el ultimo de cada periodo revolucionario cede su lugar a un presidente constitucional, al verse forzado a llamar a elecciones y restablecer el estado de derecho por el agotamiento de su gobierno.

Gobernar o durar, es el férreo dilema que enfrenta cada mandatario y que determina el destino de su gobierno. Yrigoyen incorpora la naciente clase media argentina a la vida política del país y consolida el sistema democrático con el ejercicio del voto universal, secreto y obligatorio. Y es derrocado. Años más tarde, Perón organiza la clase trabajadora y da fundamento a una mayor equidad social, fundada en el derecho laboral y también se lo depone. Poco después, Frondizi pone en marcha con talento y energía el proceso de

desarrollo nacional y él tampoco concluye su gobierno. A continuación, Illia en su mandato da ejemplo de ética y austeridad republicana para los tiempos y es asimismo desalojado del poder. Ya sobre las postrimerías del siglo pasado, Raúl Alfonsín restablece el estado de derecho y clausura para siempre las asonadas castrenses y como es lógico suponer, no consigue completar su periodo. Grandes figuras, cuyos actos de gobierno han dejado huellas indelebles en la historia de la nación y que hubieran llenado de orgullo a otras sociedades más agradecidas que la nuestra. Pero no duraron y el país paga hoy su penitencia con los flagelos de la discordia y la pobreza.

Gobernar y durar es entonces la clave que necesitan los pueblos para labrar un destino venturoso de grandeza y progreso. Sus mandatarios deben ejercer el poder el tiempo que marca la Constitución y en el lapso de su gestión, implementar a cabalidad las políticas que estimen como más acertadas, haciendo posible lo que es necesario. Y cuando el logro de los objetivos deseables supera el tiempo que le acuerda su mandato estatutariamente, quienes lo sucedan sepan continuar aquellas formas benéficas que por antonomasia se califican como políticas de estado. Quizá Roca haya sido el único que logro tal milagro.

Parafraseando al gran Sarmiento, lo escrito aquí puede considerarse como “la historia de un loco”, contada con grandes aspavientos y gesticulaciones´´.

EL HOMBRE Y LA SOCIEDAD

Como ya se ha dicho en páginas anteriores, el hombre no vive solo sino que lo hace en sociedad con otros de su misma especie. En ese contexto reivindica como valor esencial su libertad, pero el conjunto para subsistir necesita la solidaridad de todos. La búsqueda de un justo equilibrio entre ambos requerimientos ha escrito la mayor parte de las páginas de la historia y el avance logrado, el signo más relevante del progreso humano.

La libertad es un atributo esencial e intransferible, sin cuyo concurso la propia existencia pierde significado. Desde el comienzo de los tiempos la esclavitud es el peor de los castigos y fueron necesarios muchos siglos y muchas luchas para lograr abolirla. Otras formas limitativas de la libertad, como la servidumbre y el vasallaje, constituyen rémoras sociales que el progreso va procurando superar y a nadie le quedan dudas al respecto.

Cuando se trata en cambio de la solidaridad, los consensos no son tan amplios y los límites de su alcance mucho más difusos. El sujeto privilegia su libertad y sus derechos a ejercerla y puede caer víctima de un egoísmo primario, que obnubila sus obligaciones con los demás. Son las posturas de un liberalismo extremo, que acrecienta las asimetrías sociales y abona el camino de los conflictos. Si por el contrario predomina una actitud altruista, que pone el bien común por

encima del interés propio, se da origen a una corriente de pensamiento de corte socialista, que entra en disenso dialéctico con las ideas liberales. Es el debate de siempre, desde Platón y Tomas Moro a Marx y Friedman, en procura alcanzar una síntesis armoniosa y así dar forma a una sociedad equitativa y estable.

Leyendo el Leviatán de Hobbes, aparece clara la necesidad de crear un tercer elemento, que arbitre entre la libertad del hombre y la sociedad de la que forma parte. Es el Estado, con sus normas y sus instituciones, que en la instancia actual asume la forma de modernas naciones, organizadas mayoritariamente como repúblicas y basadas en la soberanía del pueblo. En ese marco, liberales y socialistas aportan sus ideas políticas y sus particulares convicciones, pero todos ellos tienen bien en claro que el objetivo último es poder compatibilizar libertad y solidaridad. El arte de la política es entonces poder resolver la ecuación descripta.

Planteado el panorama e identificados sus elementos, el hombre y la libertad, la sociedad y la solidaridad y el Estado y el arbitraje, habría que pensar las formas de comportamiento más adecuado para alcanzar la utopía de una sociedad ideal y perfecta. Comenzando por el hombre, el punto de partida es la incorporación de valores que orienten y determinen su comportamiento y naturalmente, éste es un tema complejo que hace a la formación de la personalidad. Hace algún tiempo y en ocasión de un congreso internacional de pedagogía escribimos una propuesta titulada "Prevalencia, la prioridad de los

valores", en la que se sostiene que todo proceso educativo debe incluir como fundamento la transmisión de tales, sin cuya incorporación cualquier otro conocimiento tendría serios riesgos. En otras palabras más sencillas, ningún hombre puede considerarse sabio si no es previamente un hombre bueno. Cuando nace el sujeto recibe como herencia de sus padres los llamados elementos biogenésicos, que hacen fundamentalmente a la inteligencia y al temperamento. Sin menospreciar su importancia no son absolutamente determinantes, ya que en el resto de su vida se iran incorporando otros aportes, que se agregarán al bagaje inicial. Es algo así como ocurre con una computadora, la que trae incorporada en origen su firmware y el sistema operativo, para que luego el usuario le vaya agregando el software de programas utilitarios y aplicaciones. Así entonces, en la infancia y la primera adolescencia el hombre va interactuando con los grupos sociales primarios –familia, escuela, iglesia, barrio, club- y en esa fase recibe valores y desarrolla sentimientos. Después, la existencia continúa hasta su término, en contacto ahora con los grupos sociales secundarios –empresa, sindicato, partido político, viajes-, que le transmiten experiencias, generan emociones, afirman la voluntad y conforman el carácter, cerrando así el ciclo de formación de la propia personalidad.

Mucho más difícil es tratar de caracterizar la idiosincrasia de una sociedad y más aún en el caso de la nuestra, tan desconcertante como contradictoria, al decir de María Elena

Walsh -"Argentina, el reino del revés"-. Haciendo un paralelo con la formación de la personalidad del hombre, los elementos biogénesicos de nuestra sociedad son particularmente peculiares, ya que los pueblos originarios ceden presencia en primer lugar a los conquistadores españoles, a los esclavos negros y luego, al aluvión inmigratorio de carácter multirracial y predominantemente europeo. Ningún otro país sudamericano, con excepción en alguna medida de Brasil, ha experimentado un proceso semejante al nuestro, que con visión profética Sarmiento calificara como crisol de razas. Tal singularidad, consagrada inclusive por el Preámbulo de la Constitución de 1853, ha dado origen a una población étnicamente caucásica, de habla española y creencia mayormente católica, que sin embargo no se muestra discriminatoria en materia de raza, nacionalidad o credo religioso. La inmigración trae consigo del viejo continente la contribución de dos culturas, la del trabajo y la del ahorro y la ley 1420 pone en marcha un gigantesco esfuerzo en materia de educación pública, con lo que Argentina supera el analfabetismo antes que lo logren los países líderes del resto del mundo. La posibilidad de adquirir la ciudadanía y el servicio militar obligatorio complementan el proceso de integración de la sociedad nacional, a pesar que en un momento registrara un índice de extranjerización cercano al 50 %. El proceso de industrialización que se desata a partir de 1930 y se acelera como consecuencia de la segunda guerra mundial, trae consigo efectos significativos, tales como la urbanización de la población rural, el éxodo del interior al área

metropolitana, la sindicalización masiva de los trabajadores y las tendencias populistas en el escenario político general del país.

Hasta ese entonces, el pueblo argentino es reconocido internacionalmente por la propensión a la paz y su manifiesta generosidad. Pero en el trasfondo de la propia historia conserva intactos los vestigios de las guerras civiles del pasado y los enconos y conflictos que las continuaron. Todo ese lastre reverdece a partir del golpe militar de 1930 y el clima pre-bélico que contemporáneamente agita a Europa, como consecuencia de lo cual el siglo XX va incubando en la sociedad una cultura de la rebeldía y la protesta permanente, hasta hacer eclosión manifiesta en los días que corren. Paralelamente, la cultura de ahorro es abatida por los sucesivos episodios inflacionarios y la cultura del trabajo se ve menoscabada frente al éxito que revelan tener la especulación financiera, el juego, el fraude y la evasión fiscal, la corrupción pública y privada y más recientemente, el narcotráfico y la delincuencia.

Ante estas circunstancias el tejido social se ve severamente amenazado y los valores de la persona corren el riesgo de perder relevancia como patrones de conducta. ¿Dónde está el punto de partida para revertir una situación tan desfavorable y quién o quiénes deben asumir tal cometido? La sociedad esta convulsionada y el hombre solo atina a irritarse reclamando el cambio. Únicamente quedan en pie el Estado y los que ejercen sus poderes : es el momento de gobernar y hacerlo con

talento, energía y decisión, para volver a que Argentina sea una tierra de promisión, su pueblo una sociedad armoniosa y feliz, y los argentinos, sujetos amantes de la paz, el trabajo y la generosidad.

Nada menos que como ocurriera en algún momento anterior de su historia.

LA OBLIGACION Y LA DIVERSION

Siempre me ha preocupado evaluar los cambios que produce el tiempo en su inexorable devenir y uno de los aspectos más relevante es el referido a la educación. Cuando era niño e iba a la escuela, la maestra me encomendaba realizar en casa algunas labores o resolver determinados ejercicios, cuyos resultados se me requería presentar en la clase siguiente. Era lo que se llamaba genéricamente "hacer los deberes". En los días que corren ocurre algo similar, pero simbólicamente ha cambiado el nombre de la cosa, que ahora pasa a llamarse "hacer la tarea". Dos situaciones similares, que llevan sin embargo distinta denominación. El deber es una obligación que perentoriamente hay que cumplir, mientras que la tarea es solo un trabajo a realizar, despojado de la connotación ética que implica la imposición de ejecutarla.

A riesgo de ser calificado como antiguo, viejo, anacrónico o algo así, la reflexión sobre el tema me induce a inferir que en el pasado, la educación era un proceso que buscaba desarrollar en el niño y en el joven el hábito de cumplir con sus obligaciones como un deber ineludible, mientras que en la actualidad se trata solo de una tarea más, despojada de todo compromiso moral al respecto. Es común escuchar que el objetivo que se procura en la actualidad es divertir, entretener o más imprecisamente "contener" a los púberes, como si fueran una cosa que de lo contrario se tornaría en molestia para sus mayores. Divertir no tiene la misma calidad que educar, que lleva implícito enseñar como vocación y aprender como obligación.

Cuáles han sido las consecuencias de este cambio de paradigmas? La respuesta se encuentra apreciando la realidad que nos rodea, donde la familia se va distanciando de la escuela, el nivel de la enseñanza colapsa y el mercado compensa el vacío así originado con una oferta comercial creciente de diversiones de todo tipo, que paradójicamente pasan a ser prioritarias frente a los antiguos deberes, transformados ahora en simples e indeseadas tareas escolares. A veces se registra como desiderátum de los padres llevar sus hijos a visitar los parques temáticos de Disney World en los Estados Unidos, mientras que anteriormente el sueño era poder acceder a los claustros de Harvard o de algún otra universidad de gran prestigio.

La educación no es una cosa seria es mucho más que eso, una función liminar de la sociedad, en la que las sucesivas generaciones van trasmitiendo sus conocimientos a las siguientes, en un proceso interminable. Así avanza la civilización y en el correr de los tiempos lo fue haciendo con la filosofía, la religión, las humanidades y más modernamente, con la ciencia y la tecnología. Es comprensible entonces que los pueblos que descuidan la educación de los jóvenes postergan irremediablemente su destino y mucho más en los días que corre, en que el devenir histórico experimenta una prodigiosa aceleración.

Argentina supo en su momento más feliz implementar un gigantesco esfuerzo en la materia y el avance cultural, social y económico fue su natural consecuencia, para más tarde y hasta el presente abatir gran parte de lo logrado, vulnerando gravemente el sistema educativo. Hoy la sociedad contempla absorta y sin capacidad de reacción como la escuela de todos los niveles deja de funcionar, sus aulas permanecen vacías y los maestros se debaten en un complejo conflicto, que afecta a todos los sectores. Frente a tal lamentable situación, me inclino a pensar que el punto de partida para una efectiva solución no está en el diseño de sistemas pedagógicos más sofisticados ni de actualizaciones de la enseñanza para adecuarla al cambio científico y tecnológico, sino en la decisión política de acordarle a la educación el carácter prioritario que merece, de restablecer los valores que la hicieron intocable, de respetar el rol transcendente de la docencia, de restablecer las obligaciones que implica los compromisos de enseñar y de aprender o más simplemente el cambio "de lograr los objetivos", "hacer las tareas", por la obligación "de cumplir con los deberes del maestro y del alumno". El sistema educativo es una meritocracia no una democracia, porque el maestro es el que sabe y debe trasvasar el conocimiento y el educando el que necesita hacer el esfuerzo indispensable para aprender y si esta ecuación se altera de cualquier forma que sea, el proceso deja de dar los resultados esperados. Cuando a la escuela se va a comer y se deja de aprender su objetivo primario ha caído de bruces, aunque la urgencia social de la pobreza pudiera justificar el

cambio de roles. Un pueblo carente de alimentos no puede sobrevivir, pero también es cierto que un pueblo carente de conocimientos no puede progresar. Es por eso que el proyecto nacional debe compatibilizar el desarrollo económico con la excelencia de la educación, cada cual en sus respectivas funciones y haciendo cierto las sabias palabras de dar al César lo que es del César y a Dios lo que es de Dios.

EL SER Y EL POSEER

El hombre es el ser supremo de la creación y la Providencia puso en su mano todos los bienes de la naturaleza. Su inteligencia y su imaginación le fueron permitiendo ascender en la escala del conocimiento, hasta poder explorar el espacio, dominar la materia y manejar los tiempos, haciendo verdad el quot non ascendam aristotélico. Es la esencia de la especie, la que le confiere su dignidad y el atribuirse haber sido concebido a imagen y semejanza de Dios.

A medida que la civilización fue avanzando se multiplicaron las necesidades, hasta alcanzar un grado de sofisticación tan determinante que el hombre debió adecuar su conducta a la posesión de los bienes materiales, para lograr satisfacerlas. Y así, el homo economicus vio atada la vida al requerimiento de poseer, dedicando su mayor esfuerzo para ello y haciendo verdad la condena bíblica de "ganarás el pan con el sudor de tu frente".

En nuestra vida actual enfrentamos permanentemente el dilema entre el ser y el poseer y muchas veces caemos en la trampa de privilegiar el objetivo de la riqueza por encima de los valores propios, que hacen a la esencia de un ser superior. Es interesante citar aquí un documento de la Santa Sede, que emitiera en mayo de 1971 el Papa Pablo VI, como carta apostólica al Consejo de Seglares y en ocasión de celebrarse idéntica efemérides de la Encíclica De Rerum Novarum, de

León XIII en 1891. Se afirmaba allí que el hombre debe juzgar rectamente sobre el sentido y el valor de las cosas materiales en sí mismas y en consideración al fin del hombre. Para agregar a continuación, el apreciar como es debido la pericia profesional, el sentimiento familiar y cívico y esas virtudes que exigen las costumbres sociales, como la honradez, el espíritu de justicia, la sinceridad, la delicadeza, la fortaleza de alma, sin las que no puede darse verdadera calidad de vida, señalándose más tarde que en nuestros días no pocos, confiando más de lo debido en los progresos de las ciencias naturales y de la técnica, caen como en una idolatría de los bienes materiales, haciéndose más bien siervos que señores de ellos. Para concluir enfatizando las falencias que muestra la sociedad de hoy, donde para ser hay que poseer y no como corresponde, para ser hay que valer, recordando además que la calidez y la profundidad de las relaciones humanas valen tanto o más que la variedad y cantidad de los bienes que producen la economía.

Hasta concluir el siglo XIX el hombre de esos tiempos aceptaba, no exento de resignación, el destino y modo de vida heredado de sus padres. Pero el progreso material, que avanzaba aceleradamente y la mejora en las condiciones del trabajo, habrían de producir un cambio significativo en las aspiraciones individuales y del conjunto social, proceso que Pareto calificara como "la revolución de aspiraciones". Así entonces, las personas reclaman poder acceder a un mejor nivel de vida e inclusive a escalar en el prestigio social y hasta en el poder político. Las necesidades consecuentemente se multiplican en forma considerable y la limitación de los recursos económicos disponibles origina un escenario de conflicto y de riesgo para la paz social. En el camino para el ascenso, el sujeto va privilegiando como objetivo más trascendente la posesión de la riqueza y en ese trayecto, van quedando los despojos de los valores morales y el cumplimiento de las normas que el estado dicta para asegurar la convivencia. Por eso, se entiende claramente que en 1872 en su poema Martin Fierro, el escritor José Hernández pontificara lo siguiente:

Ave de pico encorvado le
tiene al robo afición, más el
hombre de razón
no roba siquiera un cobre,
pues no es vergüenza ser pobre y es
vergüenza ser ladrón.

Quizá hoy la conclusión poética se dé a la inversa, cuando se mira con sospecha a un pobre creyendo que va a robar y se respeta a un rico, aunque sea un ladrón.

Trazado el panorama del presente, qué se puede esperar para este siglo XXI, signado por la inteligencia artificial, la cibernética y la robótica. Jeremy Rifkin predecía hace algunos años el fin del trabajo, en atisbo de una nueva civilización donde el hombre se ha liberado de la carga laboral, para ascender a otras dimensiones aun no imaginadas. Si esto fuera así, se estaría asistiendo a un esplendor de la vida, donde la

riqueza habría perdido todo su significado y el hombre nuevo del tercer milenio avanzaría a horizontes jamás soñados, haciendo de su existencia un paraíso terrenal, acorde con su categoría de rey de la creación.

LA RESIGNACION Y LA RESILIENCIA

Una vez asistía en Europa a un curso internacional sobre dirección general de la empresa, en un instituto especializado de las Naciones Unidas y el profesor a cargo de la clase nos hizo escribir a cada uno de nosotros diez refranes. Dado el ámbito de referencia los cursantes proveníamos de distintos países, tanto europeo como americanos, asiáticos y africanos, lo que introducía en el conjunto las distintas subjetividades propias de cada etnia. Recibidas las respuestas al requerimiento, se nos hizo notar la existencia de dos categorías que podía asumir cada aforismo, una de carácter ofensivo y otra defensivo y se nos pidió que estableciéramos en el listado de las diez informadas, cual número de ellas pertenecía a una u otra de las dos alternativas indicadas y allí se pudo establecer que en el caso de los europeos, habían prevalecido los refranes ofensivos, mientras que los asiáticos lo habían hecho por los defensivos y en el resto de los presentes se daban situaciones varias, de matiz indefinido. La conclusión buscaba explicar el por qué los europeos habían dominado el mundo, en función de su actitud y coraje predispuestos a la acción, mientras que otros pueblos lo hacían inclinados a la prudencia y a la meditación.

La vida de los seres humanos transcurre en un trayecto donde se alternan los éxitos y los fracasos, las alegrías y las penas, los placeres y los dolores o en resumen, la fortuna y el infortunio. Nadie está exento de tales e inexorables

circunstancias, pero cada uno reacciona en forma diferente, especialmente cuando la instancia es traumática y angustiante. Aparecen allí dos respuestas distintas : la resignación, que admite los hechos ocurridos y los acepta pasivamente sin oponer resistencia o la resiliencia, como capacidad de adaptarse activamente a la penuria sufrida y actuar en consecuencia. El mejor ejemplo al respecto lo brindan dos refranes alternativos sobre un mismo tema, que representan actitudes diferentes frente a una determinada situación. Así por ejemplo, uno afirma "Al que madruga Dios lo ayuda" mientras que en contraste otro postula "No por mucho madrugar se amanece más temprano".

Lo que ocurre con los hombres acontece también con la sociedad y la historia contemporánea registra momentos en los que un pueblo sometido a un gran infortunio es capaz de realizar un titánico esfuerzo y volverse a poner de pie. Tal como ocurriera con Alemania y Japón después de la segunda guerra mundial, a consecuencia de la cual terminaron en un estado de total extenuación, para una década más tarde volver a ubicarse entre las primeras potencias del planeta. Resulta inevitable a partir de estas ideas, pensar qué es lo que pasa al respecto con Argentina y apreciar si su pueblo está más cerca de la resignación o de la resiliencia. Frente a una realidad que lo golpea rudamente, la respuesta la dan los hechos corrientes, donde la insatisfacción y el descontento por las penurias sufridas generan un clima de rebeldía y de protesta, que nada se condice con su sumisa aceptación si no con una resistencia a tolerarlo y una actitud positiva para lograr el cambio. Por el contrario, no es tan evidente caracterizar la actitud individual de cada argentino, que si bien exhibe su propensión a rebelarse contra el infortunio, no muestra paralelamente la vocación de realizar los esfuerzos y hasta el sacrificio, que son necesarios para superarlo. Quizá esto último sea consecuencia del esplendor alcanzado en el pasado, la potencialidad de los recursos naturales de un país inmensamente rico y más probablemente, la ausencia de un proyecto nacional y un liderazgo trascendente, capaces de inspirar la utopía de un mejor destino para todos.

Solo las páginas en blanco que escribirá la historia de nuestro pueblo en los próximos años, dará respuesta a la cuestión y en la mente y parafraseando la invocación con que los presidentes de los Estados Unidos concluyen sus discursos, nos queda la esperanza de que Dios bendiga a la Argentina.

EL SEXO Y EL AMOR

Escribir sobre el sexo y el amor no es nada fácil, casi diría imposible, porque lo tratado por grandes autores sobre el tema llenaría por si solo una enorme biblioteca. Pero al termino del camino, sosegadas las pasiones y mitigados los instintos, se puede reflexionar sobre las propias experiencias y las huellas que han dejado impresas, sin pretender ir más allá del campo estrictamente personal.

Una primera pregunta que aparece es si sexo y amor son la misma cosa o si siendo distintas, deben ir siempre asociadas y la respuesta podría encontrarse pensando que muchas veces hay sexo sin amor, como ocurre con la prostitución y menos frecuentemente amor sin sexo, como es el caso del llamado amor platónico, circunstancias ambas en que los dos conceptos aparecerían absolutamente disociados. Claro está, que en contrapartida también es posible concebir la coexistencia del amor con el sexo, como ocurre con las parejas felices, que se mantienen unidas hasta que la muerte las separe.

La siguiente reflexión cala más profundamente en el juicio, cuando se toma en cuenta que el sexo es un instinto primario, que el sujeto debe satisfacer para asegurar la supervivencia de la especie y así incide vigorosamente en su conducta, vulnerando a veces otros valores trascendentes, como la lealtad, la honradez, las normas sociales y las creencias religiosas. El amor en cambio, es un sentimiento que hace a lo más profundo del espíritu humano y que de ninguna manera se

agota en quien constituye la pareja. Abarca todos los órdenes de la vida, comenzando por el amor a Dios, a la Patria donde se ha nacido, a los padres y hermanos, a los amigos, para trascender luego a otros ámbitos de la vida humana, como el partido político, el club deportivo, la mascota y hasta los objetos materiales, ya que es frecuente que la gente ame también a su automóvil, a su piscina, a su jardín y más modernamente, a su calzado deportivo y a su teléfono celular. Siendo esto así, el amor adquiere el carácter de una categoría superior de la condición humana y eleva el hombre por encima de las limitaciones del egoísmo, para transformarlo en un sujeto amigable que cultiva la empatía con sus congéneres. La ausencia del amor, la indiferencia y la apatía hacen estéril la vida de una persona y la antítesis del amor, que es el odio y sus lamentables consecuencias, la envidia, la ira, la calumnia, la agresión, dan la prueba definitiva sobre la importancia que para la sociedad reviste el sentimiento del amor.

Un tercer factor actuante es el avance de la edad, que va mermando las exigencias de los instintos como el sexo y pari passu, profundizando el vigor de los sentimientos como el amor, tal como ocurre en el caso de los matrimonios de larga duración en los que la pasión inicial es remplazada por un profundo afecto y un amable compañerismo.

En la mitología griega el dios del amor es Eros y aunque abarcara ese concepto en términos generales, la referencia específica recae en la asociación del amor con el sexo. Mientras que en nuestro tiempo y en la doctrina cristiana el

amor nace y reside en Dios, como una dación del ser superior a la creación.

Como conclusión y como experiencia propia, el sexo resultó en mi vida un impulso a cubrir por requerimientos de los instintos, pero el amor fue y continúa siendo una sensación superior del espíritu, en la búsqueda de la felicidad y la paz interior. Acalladas las pasiones, la tendencia a hacer el bien va impregnando los mejores actos de la vida y el amor a Dios la obligación de servir a los demás, como fuente de toda alegría. Por eso, se terminan estas reflexiones con aquella poesía de Rabindranath Tagore, que sabiamente dice :

Dormía y soñaba que la vida era alegría.

Desperté y vi que la vida era servicio.

Serví y aprendí que el servicio era alegría.

LA FAMA Y LA GLORIA

Parecen conceptos idénticos y sin embargo a mi criterio, tienen un significado diferente. La fama hace a la trascendencia del nombre de las personas, de las instituciones o de las cosas, acordándoles una popularidad entre el conjunto de la gente, pero se trata de una especie de moda que como tal tiene vida efímera. La gloria por su parte, procede de las obras que alguien realiza y que por su importancia, excelencia o gravitación sobre los demás alcanza un nivel de consideración y de respeto que se prolonga en los tiempos. Así resulta claro que tener fama no implica alcanzar la gloria y a veces no basta la gloria para generar contemporáneamente la fama de su creador. Recordemos el caso del pintor holandés Vincent Van Gogh, cuyos cuadros ocupan hoy un lugar de preferencia en los museos del mundo, pero que en vida solo lograra vender uno de ellos y a su propio hermano.

En los días que corren es bastante accesible alcanzar la fama, tal como ocurre con los astros del deporte y los artistas de la televisión, que saltan a la admiración pública por un corto periodo de tiempo y hasta que otro más afortunado lo relegue al olvido. Así, la fama de Pelé es eclipsada por Maradona y la de este por Messi en el ámbito del futbol internacional ; la de Julio Iglesias por Luis Miguel, para luego ceder espacio a otros famosos que les van sucediendo y los ejemplos podrían multiplicarse hasta el infinito, para convencernos de que esto es lo que pasa en la realidad. Pero quién discute la fama de Miguel Angel de Leonardo Da Vinci, de Mozart o de Beethoven, cuyas gloriosas obras de arte trascienden y trascenderán la fronteras del tiempo, mientras que la fama del Indio Solari e inclusive de los Bee Gees, no habrá de perdurar significativamente. Un ejemplo interesante lo da el caso de Del Potro, cuyas virtudes en el tenis le han acordado un nivel de fama internacional considerable, que no obstante necesita ser revalidado permanentemente ganando futuros certámenes. Pero el hecho de haber sido el motor que permitiera a su país conquistar por primera vez la codiciada Copa Davis, seguramente le ha permitido escalar de la fama a la gloria. Algo parecido a lo que ocurriera en los Juegos Olímpicos de 1936 en Berlín, cuando el atleta norteamericano de color Jesse Owens conquistara cuatro medallas de oro, echando por tierra el mito alemán de la raza superior e inscribiendo en la gloria deportiva de su país y de su raza la hazaña realizada

Cuando se trata de personas corrientes como nosotros, resulta difícil que las propias obras puedan proyectarse a la gloria, razón por la cual y con frecuencia se busca acceder a la fama, creyendo insensatamente que por tal vía queda asegurada la trascendencia. Se trata de una ilusión, de la que es duro despertarse cuando el renombre se ha extinguido y por eso, aparece como más adecuado poner modestamente el esfuerzo en todo aquello que realizamos y que de tener algún valor verdadero podría sobrevivir en el futuro.

Cuando en cambio es el caso de seres dotados de dones especiales por la Providencia, el compromiso es producir las obras para las cuales han sido destinados y que consecuentemente lleven consigo el preanuncio de la posteridad.

Concluyendo, quien encandilado por el resplandor de los reflectores busca afanosamente los oropeles de la fama, corre el riesgo de convertirse en un moderno Ícaro y ver sus alas quebradas por el fuego incandescente del sol, mientras quien trabaja con esfuerzo y perseverancia en su oficio, dejará obras que den trascendencia a su vida, cualquiera sea su magnitud e importancia. Nada más cierto al respecto que aquellos magníficos endecasílabos y heptasílabos que en el siglo XVI y para los tiempos acuñara Fray Luis de León, en una lira que dice así :

¡Que descansada vida

la del que huye el mundanal ruido y

sigue la escondida

senda por donde han ido

los pocos sabios que en el mundo han sido!

Más que una hermosa poesía una maravillosa lección de vida.

LA FAMILIA Y LOS AMIGOS

En la niñez y la adolescencia la familia era mi mundo y la casa grande que habitábamos, el centro de casi toda mi actividad. Vivía allí con mis padres, abuelos, tíos, tías y sus hijos, chicos de mi misma edad. Era lo típico de aquella primera mitad del siglo pasado y que recuerdo con romántica nostalgia. Siendo hijo único, con esos primos y con otros niños del barrio y compañeros de la escuela, que mis padres monitoreaban celosamente, compartí juegos y pequeñas aventuras, hasta egresar del bachillerato. Fue entonces que no habiendo universidad local me trasladé con mis padres a otra ciudad, donde seguí conservando como familiares a dos hermanos de mi madre, sus esposas y sus hijos. El núcleo familiar se había reducido entonces considerablemente, pero los afectos contrario sensu se incrementaron, al punto que mis primos pasaron a ser algo así como los hermanos que nunca había tenido. A partir de ese momento, cobró importancia para mi tener amigos y las largas horas compartidas en la facultad me permitieron hacerme de nuevos afectos, que habrían de durar sin solución de continuidad hasta los días que corren.

Ya en la vida profesional, el tiempo fue reduciendo el núcleo familiar a la sola presencia de mi madre y el hecho de permanecer soltero hizo que esta relación adquiriera para mi gravitación trascendente. Reducido casi al extremo el ámbito familiar, tomó mayor relevancia la participación de los amigos, los que venían del pasado y los que se fueron ganando a lo largo del tiempo. Más tarde, en ocasión de desempeñarme como experto internacional por largos periodos fuera del país, de no recurrir a nuevos afectos en el exterior hubiera quedado preso de una absoluta soledad. Fue entonces en que ocurriera algo que quedó impreso en mi mente para siempre. Era el Día del Amigo y vino a mi encuentro el que desde entonces lo es efectivamente, para felicitarme y decirme que se sentía como si fuera mi hermano. Yo, que nunca había tenido hermanos, me emocioné profundamente y tomando un marcador escribí en una pizarra lo siguiente : "Los hermanos son los amigos que nos da la sangre y los amigos son los hermanos que nos da la vida". Nos abrazamos y hoy, cuando él vive en los Estados Unidos con su esposa e hijos y yo en Argentina, continuamos con profunda alegría la entrañable relación y agradeciendo a la vida, que con ese amigo me hubiera dado el hermano que me negara la sangre.

Hasta aquí y a grandes rasgos lo que ha significado la familia y la amistad para alguien como yo, que siendo hijo único permaneció por siempre soltero y que por lo tanto, no tuve hermanos, ni esposa, ni hijos, ni nietos, ni sobrinos y que al morir mis abuelos, padres, tíos y tías, solo conservo algunos primos también longevos a la fecha. Un vacío de tal magnitud hubiera sido intolerable de no haber contado con el afecto de amistades de ambos géneros y de una categoría especial, los ahijados y ahijadas, surgidos del corazón y de una vocación por la docencia, que me acompañara permanentemente.

Cuento al día de hoy con un ahijado y tres ahijadas de bautismo, tres ahijados de confirmación y varios más de carácter espiritual de mutuo consenso, que me acompañan tanto en mis horas de trabajo como en mi tiempo libre y que completan de esta forma una constelación de relaciones, que me ayudan a vivir. Y además, me siento orgulloso de poder decir que soy rico en amigos y que de ese grupo numeroso, puedo discernir para alguno de ellos la categoría maravillosa de hermanos de la vida.

A las reflexiones precedentes, relativas a la propia experiencia personal, es posible ubicarlas en el marco general de la sociedad en cuyo contexto la familia constituye la célula básica, que fundamenta su estructura y sin cuya existencia y consistencia ninguna organización sería posible. El sujeto en sus primeros años recibe de sus padres y mayores la protección indispensable para su supervivencia y crecimiento, la educación básica, los valores y otros aportes que hacen a los sentimientos y al temperamento, razón por la cual la familia desempeña un rol irremplazable dentro de los grupos sociales primarios de los que forma parte. La paternidad cumple con tales propósitos hacia su descendencia y como ese cometido es recurrente hacia las siguientes generaciones, la prioridad de la obligación se da de arriba hacia abajo y no tanto a la inversa. Por eso es frecuente escuchar que un padre puede mantener diez hijos, pero a veces diez hijos no alcanzan para mantener un padre o más crudamente, cuando un padre da el padre ríe y el hijo ríe, pero cuando un hijo da, el padre llora y el hijo llora.

La familia se hereda y las relaciones resultantes son naturalmente irrevocables. Los amigos en cambio, se eligen y deben conservarse, para que el afecto no se extinga. Algo así como una planta, que necesita ser regada para no secarse. Por tal razón, cuando se ha ganado el afecto de un extraño se ha encontrado un tesoro, que debe cuidarse dando muestras de lealtad, sinceridad, respeto y buen trato, para generar la empatía y la alegría mutua de las partes.

Una reflexión final para un tema tan sensible como el tratado, es que nunca pretendamos obtener de un amigo más de lo que estamos dispuestos a darle por nuestra parte, porque de lo contrario estaríamos aspirando a mantener una relación asimétrica en nuestro propio beneficio.

EL PROFESOR Y EL MAESTRO

A primera vista profesor y maestro parecen términos sinónimos, porque en ambos casos se refieren a un mismo y noble oficio, que es el de educar. Quizá la primera distancia entre tales nombres tenga en cuenta el nivel de los conocimientos que imparten en sus respectivas categorías, pero la diferencia del significado que corresponde a cada uno de ellos es mucho más profunda y sobre dicha circunstancia es que se deben enfocar estas reflexiones.

La propia experiencia de quien suscribe, acumulada durante más de 70 años de docencia, es la que permite intentar caracterizar el rol que en cada caso se asume, cuando se es profesor o cuando se pretende ser un maestro. El profesor imparte el conocimiento y para que esa tarea tenga buen resultado, debe aquilatar idoneidad en el tema y capacidad de hacer efectiva la transmisión al educando. Se trata así de una labor técnica y pedagógica, por lo general despojada de cualquier otra connotación. El maestro en cambio, sin descartar el trasvasamiento del saber que lleva implícito su cometido, hace algo más y muy trascendente, impartir lecciones de vida que se irán incorporando en forma indeleble a la personalidad del discípulo a su cargo. He aquí la gran diferencia, que explica la razón por la cual en el trayecto de nuestro aprendizaje, rescatamos el nombre de numerosos

profesores pero de muy pocos maestros cuya impronta dejara huellas significativas en nuestra formación.

En acuerdo con lo expuesto precedentemente, quien se desempeñe como profesor debe poseer a profundidad los conocimientos del tema que enseña y además, hacer buen uso de la pedagogía para su adecuada transmisión, con lo que queda acreditada su idoneidad. Para el maestro, los requerimientos adicionales son gravitantes. En primer lugar, debe poseer una acendrada vocación por la docencia, fundada en el amor por lo que hace y que trasciende hacia las personas a quienes destina sus lecciones. Debe realizar su tarea con paciencia y buen trato y evaluar a su término los resultados obtenidos, por el aprovechamiento que ellos generan, haciéndolo con equidad y equilibrio. Al respecto, es interesante destacar el concepto de equidad que instituyera Henri Fayol, definiéndolo como la justicia de dar a cada uno lo que le corresponde y sumarle la benevolencia, de agregar algo más para el que lo necesita. Tal actitud no debe estar exenta de los límites que impone ser intolerante con el error e implacable con la mendacidad, para así hacer que los discípulos se conviertan en amantes del rigor científico y respetuoso de la verdad. No por nada el lema adoptado por la universidad más prestigiosa del mundo como es Harvard, se reduce solamente a tres silabas : Ve Ri Tas.

Como se ha dicho entonces, el profesor enseña y el maestro educa y forma el carácter y la personalidad de quien tiene la suerte de ser su discípulo y esa función se transpola del orden

personal a la sociedad en su conjunto. Como ocurriera con Argentina, cuando después de Caseros superara la adolescencia como nación e ingresara a la adultez del proceso de su organización definitiva. Es allí, cuando el gran Sarmiento intuyó que la educación pública, universal, gratuita y obligatoria, sería el instrumento más idóneo para lograr el progreso y su proyecto habría de sostenerse con éxito por más de medio siglo. Esa visión prospectiva de la historia hizo que Ricardo Rojas le adjudicara al gran sanjuanino el calificativo de Profeta de la Pampa.

En mi caso particular, me he desempeñado por largos años como profesor titular, consulto y honorario de varias universidades y creo haber impartido con idoneidad, los conocimientos de las cátedras a mi cargo a innumerables alumnos y de eso estoy convencido, porque la realidad lo confirma. Me queda pendiente en cambio la esperanza de haber intentado ser un maestro, porque de esa forma habrían culminado mis mayores aspiraciones y en efecto, sentirme realizado porque considero a los maestros como los héroes de Plutarco, portadores de antorchas que van marcado el camino a las muchedumbres en marcha.

Por las razones expuestas, he querido dedicar las reflexiones que formulo al término del camino a la señorita Rosita Houbey, mi dulce maestra de primer grado, que me enseñara nada menos que a leer y a escribir. Para ella deseo citar aquí una estrofa de un poema de Héctor Gagliardi, que dice así :

Vos sos la dulce canción de la
edad que ya se fue. Hoy he
venido otra vez para darte la
lección : preguntame de a
traición maestra de primer
grado,
que cuanto me has enseñado lo
llevo en el corazón.

Vox populi vox dei, la voz del pueblo es la voz de Dios y los versos de ese poeta popular de sencillo lenguaje, trasmiten plenamente los sentimientos más íntimos que alberga en su alma el autor de estas líneas.

LA IGNORANCIA Y EL CONOCIMIENTO

La ignorancia y el conocimiento no son términos absolutos, ya que no se concibe que un sujeto pueda desconocer todo o saberlo todo. El viejo aforismo de Sócrates, "solo sé que nada sé" ilustra suficientemente. Desde el comienzo de la historia, los distintos pueblos fueron haciendo realidad particulares civilizaciones en su avance al conocimiento, tanto en el plano de las ideas y las abstracciones como de los hechos de la naturaleza. Así, florecieron la filosofía, la matemática, la astronomía y en el caso de los griegos y romanos, la mitología de los dioses, semidioses y héroes, para explicar por ese camino los fenómenos naturales. Dando luego un salto cuántico al siglo XVII, el Discurso del Método de Descartes constituyó un punto fractal para el pensamiento de la humanidad, fundando el apogeo del racionalismo y la corriente iluminista francesa. Un siglo más tarde, se compendia en una sola obra todo el conocimiento acumulado hasta entonces, dando forma a la monumental Enciclopedia de Diderot y D´ Alembert. A partir de tal plataforma y por aplicación del método inductivo de Fracis Bacon, es que se desata un impresionante proceso de desarrollo del conocimiento científico y sus aplicaciones tecnológicas, hasta arribar al mundo actual de la industria y los servicios. No por nada es que se postula hoy día el calificativo de "sociedad del conocimiento", para caracterizar el estado actual de la civilización,

estigmatizándose la ignorancia como antítesis suprema del modelo.

En el caso particular de Argentina surge claramente la dimensión de la obra sarmientina, que a través del sistema educativo que inspirara y construyera, asestó un golpe definitivo a la ignorancia de nuestro pueblo y lo proyectó a un nivel de progreso y bienestar sin parangón en el subcontinente americano. El clásico anagrama "argentino-ignorante" se vio superado por el nivel general de buena educación de vastos sectores de la población, que en los días que corren observamos con preocupación su inusitado deterioro.

De lo anteriormente expuesto es fácil concluir que la vida actual exige cada vez más al hombre poseer mayores conocimientos y que la ignorancia es un camino sin retorno a la marginalidad social, en un mundo altamente competitivo. La docta ignorancia es el estado en el que una persona reconoce que nada sabe sobre un tema y ello constituye un valioso punto de partida, porque se tiene razón de tal falencia. Es entonces que toma vigencia el aforismo de Horacio citado por Kant "sapere aude", atrévete a saber o el de Virgilio en su Eneida, "audaces, fortuna iuvat", la suerte ayuda a los que se atreven. Mucho más grave que no saber es saber mal, es decir tener un conocimiento erróneo sobre las cosas, porque en ese caso se debe desandar previamente la ruta equivocada. Por eso es tan responsable la labor del maestro, que debe por encima de todas las cosas guardar un respeto irrestricto a la verdad. Concluyendo, resolver la ecuación que implica trasmitir el conocimiento exige la conjunción de un maestro realmente dotado del saber y el rigor por la certeza y de un discípulo que se atreva a aprender las enseñanzas impartidas.

Hasta aquí lo relativo al saber, pero reflexionando sobre el tema el enfoque seria incompleto si no agregaran al respecto las consideraciones de carácter ético. De no ser así, la transmisión de conocimiento correría el riesgo de formar hombres sabios sin considerar la posibilidad de que sus acciones se orientaran hacia el mal y no hacia el beneficio de sus semejantes, con lo que se estaría formando un Frankenstein. El saber popular así lo expresa en alguna estrofa del Martin Fierro, cuando dice:

Hay hombres que de su cencia Tienen
la cabeza llena;
Hay sabios de todas menas, Mas
digo, sin ser muy ducho: Es mejor
que aprender mucho El aprender
cosas buenas.

Inspirado en tal convencimiento, hace algunos años postulamos como complemento básico de toda pedagogía la prevalencia de los valores, tanto inmanentes como trasmitidos y adquiridos y que determinan actitudes y comportamientos propios de un hombre bueno, como condición esencial para acceder a la sabiduría de vivir.

Conocimientos y valores son indudablemente la receta mágica para hacer del hombre el cimiento de una sociedad progresista y feliz.

LA FAMILIA Y LOS AMIGOS

En la niñez y la adolescencia la familia era mi mundo y la casa grande que habitábamos, el centro de casi toda mi actividad. Vivía allí con mis padres, abuelos, tíos, tías y sus hijos, chicos de mi misma edad. Era lo típico de aquella primera mitad del siglo pasado y que recuerdo con romántica nostalgia. Siendo hijo único, con esos primos y con otros niños del barrio y compañeros de la escuela, que mis padres monitoreaban celosamente, compartí juegos y pequeñas aventuras, hasta egresar del bachillerato. Fue entonces que no habiendo universidad local me trasladé con mis padres a otra ciudad, donde seguí conservando como familiares a dos hermanos de mi madre, sus esposas y sus hijos. El núcleo familiar se había reducido entonces considerablemente, pero los afectos contrario sensu se incrementaron, al punto que mis primos pasaron a ser algo así como los hermanos que nunca había tenido. A partir de ese momento, cobró importancia para mi tener amigos y las largas horas compartidas en la facultad me permitieron hacerme de nuevos afectos, que habrían de durar sin solución de continuidad hasta los días que corren.

Ya en la vida profesional, el tiempo fue reduciendo el núcleo familiar a la sola presencia de mi madre y el hecho de permanecer soltero hizo que esta relación adquiriera para mi gravitación trascendente. Reducido casi al extremo el ámbito familiar, tomó mayor relevancia la participación de los amigos, los que venían del pasado y los que se fueron ganando a lo largo del tiempo. Más tarde, en ocasión de desempeñarme como experto internacional por largos periodos fuera del país, de no recurrir a nuevos afectos en el exterior hubiera quedado preso de una absoluta soledad. Fue entonces en que ocurriera algo que quedó impreso en mi mente para siempre. Era el Día del Amigo y vino a mi encuentro el que desde entonces lo es efectivamente, para felicitarme y decirme que se sentía como si fuera mi hermano. Yo, que nunca había tenido hermanos, me emocioné profundamente y tomando un marcador escribí en una pizarra lo siguiente : "Los hermanos son los amigos que nos da la sangre y los amigos son los hermanos que nos da la vida". Nos abrazamos y hoy, cuando él vive en los Estados Unidos con su esposa e hijos y yo en Argentina, continuamos con profunda alegría la entrañable relación y agradeciendo a la vida, que con ese amigo me hubiera dado el hermano que me negara la sangre.

Hasta aquí y a grandes rasgos lo que ha significado la familia y la amistad para alguien como yo, que siendo hijo único permaneció por siempre soltero y que por lo tanto, no tuve hermanos, ni esposa, ni hijos, ni nietos, ni sobrinos y que al morir mis abuelos, padres, tíos y tías, solo conservo algunos primos también longevos a la fecha. Un vacío de tal magnitud hubiera sido intolerable de no haber contado con el afecto de amistades de ambos géneros y de una categoría especial, los ahijados y ahijadas, surgidos del corazón y de una vocación por la docencia, que me acompañara permanentemente.

Cuento al día de hoy con un ahijado y tres ahijadas de bautismo, tres ahijados de confirmación y varios más de carácter espiritual de mutuo consenso, que me acompañan tanto en mis horas de trabajo como en mi tiempo libre y que completan de esta forma una constelación de relaciones, que me ayudan a vivir. Y además, me siento orgulloso de poder decir que soy rico en amigos y que de ese grupo numeroso, puedo discernir para alguno de ellos la categoría maravillosa de hermanos de la vida.

A las reflexiones precedentes, relativas a la propia experiencia personal, es posible ubicarlas en el marco general de la sociedad en cuyo contexto la familia constituye la célula básica, que fundamenta su estructura y sin cuya existencia y consistencia ninguna organización sería posible. El sujeto en sus primeros años recibe de sus padres y mayores la protección indispensable para su supervivencia y crecimiento, la educación básica, los valores y otros aportes que hacen a los sentimientos y al temperamento, razón por la cual la familia desempeña un rol irremplazable dentro de los grupos sociales primarios de los que forma parte. La paternidad cumple con tales propósitos hacia su descendencia y como ese cometido es recurrente hacia las siguientes generaciones, la prioridad de la obligación se da de arriba hacia abajo y no tanto a la inversa. Por eso es frecuente escuchar que un padre puede mantener diez hijos, pero a veces diez hijos no alcanzan para mantener un padre o más crudamente, cuando un padre da el padre ríe y el hijo ríe, pero cuando un hijo da, el padre llora y el hijo llora.

La familia se hereda y las relaciones resultantes son naturalmente irrevocables. Los amigos en cambio, se eligen y deben conservarse, para que el afecto no se extinga. Algo así como una planta, que necesita ser regada para no secarse. Por tal razón, cuando se ha ganado el afecto de un extraño se ha encontrado un tesoro, que debe cuidarse dando muestras de lealtad, sinceridad, respeto y buen trato, para generar la empatía y la alegría mutua de las partes.

Una reflexión final para un tema tan sensible como el tratado, es que nunca pretendamos obtener de un amigo más de lo que estamos dispuestos a darle por nuestra parte, porque de lo contrario estaríamos aspirando a mantener una relación asimétrica en nuestro propio beneficio.

EL TRABAJO Y EL OCIO

Cuando se reflexiona sobre el trabajo, cada vez más aparece que constituye una prioridad en la vida del hombre. No se trata de una circunstancia pasajera sino una actividad dominante, que termina convirtiéndose en segunda naturaleza. Por eso, cuando le preguntamos a alguien cuál es su trabajo, termina contestando soy plomero, panadero o malabarista de circo. El sujeto responde no diciendo lo que hace sino lo que es, evidenciando claramente que su tarea ha pasado a constituir parte de su propia esencia.

Desde el comienzo de los tiempos, la sociedad se ha servido de la labor de sus integrantes para producir los bienes que las necesidades les reclaman para su satisfacción de subsistencia y progreso. Modernamente, la introducción de la energía a través de la máquina a vapor, los motores de combustión interna y los eléctricos fueron liberando al sujeto y a las bestias de aportar su fuerza física, proceso que al decir de Arturo Sampay en su obra "Argentina en la revolución de nuestro tiempo", la fuerza de los hombres fue sustituida por los caballos vapor -HP-. Y no solo eso, sino que además tuvo lugar la transferencia de la destreza humana a la precisión de la máquina, condenando a la artesanía a quedar reservada al terreno de lo artístico o lo suntuario. Con el auge contemporáneo del procesamiento electrónico de datos, la

robótica y la cibernética, la labor humana va quedando reducida a desenvolverse en los espacios más estrechos de la alta dirección, la investigación científica y tecnológica y el desarrollo de nuevos emprendimientos. El tiempo dedicado al trabajo se fue acortando para vastos sectores de la población, que en gran medida quedó liberada de los yugos del trabajo, al punto que Jeremy Rifkin describiera en su obra "El fin del trabajo".

Un fenómeno como el descripto aflige a la sociedad, que ve multiplicarse el número de personas desocupadas y condenadas a la marginalidad, como consecuencia tecnológica y económica del desempleo. Han pasado a la historia las jornadas de trabajo de 14 horas y los sábados laborales, que son también una pieza de museo, trocada ahora en el clásico weekend o en términos locales, el fin de semana.

Correlativamente con esta merma de las horas dedicadas a trabajar crece la disponibilidad de tiempo libre, para aplicarlo al ocio. Tal cambio no significa una merma en la calidad de vida sino por el contrario, un efecto benéfico de la civilización, donde el genio del hombre le ha permitido acordarle a su labor altos niveles de productividad y de ahorro de tiempo, dejando libre de tales obligaciones un mayor espacio para dedicarlo a otros fines.

¿Qué es el ocio entonces? En términos muy simples y recurriendo a Rommel Masaco, el ocio es un conjunto de

ocupaciones a las que el individuo puede entregarse de manera voluntaria, tras haberse liberado de sus obligaciones laborales, familiares y sociales, haciéndolo para descansar, divertirse, sentirse relajado, pasear, desarrollar información, cultivar las artes, leer libros, escuchar música o participar voluntariamente en la vida de su comunidad. Siendo esto así, de ninguna manera puede calificarse el ocio como perverso o nocivo, sino como un logro que la sociedad ha podido alcanzar con el dominio de la tecnología y la limitación de la exigencia de tiempo que el trabajo productivo le insume, para poder dedicarlo a otras dimensiones de mayor calidad de vida. Sirva de ejemplo la anécdota que se cuenta del gran escritor vasco Pío Baroja, que estaba un día carpiendo su jardín y uno de sus paisanos le comentara : Hola Pío, con que trabajando?, a lo que el encuestado respondiera : Que va hombre, descansando. Pocos días después, Pío se hamacaba pensativo en su sillón en la puerta de la casa, cuando el mismo vecino le dijera : Hola Pío, con que descansando? y el escritor le contestara : Que va hombre, trabajando.

Lo que no debe confundirse es el ocio con la haraganería, porque en este caso no se está empleando con sabiduría el tiempo libre, sino que simplemente se lo está dilapidando y la pérdida implica derrochar un bien finito e inapreciable, que es la extensión de la propia vida. Descartar las obligaciones ineludibles que impone el trabajo humano y no aprovechar el tiempo libre para enriquecer la vida, es el camino que marca la historia del haragán, del zángano, que agota su tiempo en la

banalidad, el vicio o la droga. Quizá la receta mágica no sea vivir para trabajar, sino trabajar para vivir y hacer un uso valioso del ocio, en el tiempo libre que la sociedad y sus avances permiten disponer cada vez en mayor medida.

Para concluir, una vez más el Martin Fierro viene en auxilio, con aquellos dos consejos que les da el gaucho a sus hijos y que dicen así :

El trabajar es la ley, Porque
es preciso adquirir;
No se expongan a sufrir Una
triste situación: Sangra mucho
el corazón Del que tiene que
pedir.

Debe trabajar el hombre Para
ganarse su pan;
Pues la miseria, en su afán De
perseguir de mil modos, Llama en
la puerta de todos Y entra en la del
haragán.

Nada más claro y oportuno que estas breves y admirables normas.

LA RIQUEZA Y LA FELICIDAD

A primera vista, pobreza y felicidad parecen términos antagónicos pero realmente no lo son, ya que entre ellos pueden darse todas las combinaciones imaginables. En efecto, en el contexto social se pueden encontrar pobres infelices, pobres felices, ricos infelices y ricos felices, ubicando en los límites de esas cuatro categorías las combinaciones extremas de ambos conceptos.

Reflexionando sobre el tema, resulta conveniente precisar a priori el significado de pobreza y de felicidad, para intentar algunas conclusiones. Cuando se habla de pobreza, inexorablemente se la relaciona con la economía y por lo general, se agota allí el análisis. La situación del sujeto se va estableciendo en base a dos variables clásicas : el patrimonio acumulado de bienes propios y el ingreso corriente que se obtiene en compensación por la actividad desarrollada. Con respecto al patrimonio, que frecuentemente se correlaciona con el ingreso salvo los casos límites de la avaricia o el derroche, tal posesión de bienes marca la existencia diferenciada de estratos sociales que se escalonan entre los desposeídos, los pequeños propietarios, los ricos y acomodados y los potentados poseedores de grandes fortunas, para los cuales la sociedad actual va mostrando preocupantes índices de concentración de la riqueza en pocas manos y la dispersión del número creciente de poseedores de

exiguo o nulo patrimonio. Si se toma ahora en cuenta el nivel de ingreso, aparecen los sucesivos estados de indigencia, pobreza, satisfacción suficiente, consumo conspicuo y lujo suntuario, en una escala afectada además por la habitualidad al gasto de cada individuo. Ahondando el análisis, el indigente es quien revela tener necesidades básicas insatisfechas - alimentación, abrigo y albergue-, mientras que el pobre además de eso, atiende los requerimientos en materia de salud y educación básica, sin margen para otras apetencias. El consumidor conspicuo por su parte, supera el nivel del acceso a los bienes vitales y de superación propios de los escalones anteriores, para gozar de productos y servicios vinculados con el confort, el prestigio o el status. Finalmente, el consumidor suntuario alcanza a escalar al lujo y hace ostentación de su riqueza. Enfocado así el tema desde un punto de vista estrictamente económico, se traslada a continuación el examen de la cuestión a sus efectos sociales y políticos y a una reducción simplista de escalones monetarios y artilugios estadísticos. Pero la pobreza es algo más que eso, mucho más.

La reflexión debe extenderse más allá del ámbito económico, simplemente porque la conducta del hombre no está sujeta solo a tal exclusiva categoría. Deben tomarse en cuenta entonces las otras dimensiones que hacen a la dignidad humana y en tal sentido, aparecen en primer término los valores y los sentimientos. Hay por consiguiente pobreza o riqueza de espíritu, pobreza y riqueza de emociones, pobreza y riqueza de actitudes, para todo lo cual la economía es solo un

marco que pone límites, pero que de ninguna manera determina. Y así si un hombre es generoso dará de lo suyo aunque tenga o gane poco y si es mezquino no dará nada aunque su bolsillo este pleno de riqueza.

Pasando ahora al tema de la felicidad ocurre algo semejante. Tan es así, que hasta los refranes populares se ocupan de ello, como cuando se dice "el dinero -la riqueza- no hace la felicidad", para agregar con sarcástica ironía "pero la compra hecha". Se trata obviamente de una reducción del hombre, complejo y vital, al estereotipo del consumidor, indiferenciado y masivo. Esa concepción tan esquemática da forma a un modelo conocido como la sociedad de consumo, alentada por la competencia comercial y potenciada por la publicidad a través de los medios masivos de comunicación, dando forma a un fenómeno social llamado por Pareto, el efecto de demostración. Los debates académicos sobre el tema han llenado anaqueles de biblioteca y para muestra de ello, basta citar las obras de dos profesores franceses de las Universidades de Nancy y Nanterres de Paris, Raymond Ruyer y Georges Hourdin, tituladas respectivamente "Elogio de la sociedad de consumo" y "Los cristianos contra la sociedad de consumo".

¿Si la felicidad no es poder comprar y poseer todo los bienes que se desean y que la economía ofrece, entonces en que consiste realmente? En primer lugar hay que percatarse que se trata de un estado de ánimo de satisfacción, entusiasmo y alegría y por lo tanto, fundamentalmente subjetivo. Si se investiga cómo se origina la satisfacción, aparece claramente que en la sociedad actual, proclive al consumo y dependiente de la tecnología, el poder disponer de los bienes que ofrece el mercado constituye condición necesaria para la felicidad, pero de ninguna manera es suficiente para lograrla a plenitud. Hace falta el entusiasmo, que por provenir etimológicamente de en Theos significa alentar el espíritu de Dios y el optimismo frente a las expectativas del futuro. Finalmente, la alegría de vivir florece cuando se da y se recibe amor de los seres del entorno, la pareja, la familia, los amigos, los compañeros del trabajo, así como el respeto y la consideración del resto de la sociedad. Todos estos requerimientos son también necesarios para la felicidad pero tampoco por si solos, condición suficiente. ¿Y por qué sucede esto? Porque la felicidad es un mito, una utopía, una ilusión, una entelequia, que reviste la categoría de un fin y no de un objetivo concreto lograble. El ser humano transita por la vida procurando alcanzarla y lo consigue solamente en momentos fugaces, superados por los contrastes que la realidad trae consigo. Quizá la mayor cercanía a ser feliz se logre en la edad avanzada, cuando se toma razón de la propia redención por los desaciertos cometidos, se busca procurar el bien a los demás, prodigar el amor sin esperar recompensas y alcanzar la paz suprema con Dios, como broche de oro al final de la existencia.

Ese encanto vital que es la felicidad, debe simplemente vivirse mientras sea posible y tomar cuidado de no frustrarlo ni

postergarlo en aquellos instantes en que afortunadamente se presente. Por eso siempre conserva vigencia para los tiempos el sabio pensamiento de Horacio :

> **Carpe diem quam minimum credula postero**
> **Aprovecha cada día y no te fíes del mañana**

LA AMBICIÓN Y EL CONFORMISMO

Una manera simple pero efectiva de comenzar a entender que significan la ambición y el conformismo, es referirse a los dos pedales con que se regula el movimiento de un automóvil : el acelerador y el freno. Cuando se aprieta el primero de ellos el vehículo aumenta progresivamente su velocidad, tratando de alcanzar en menor tiempo la meta propuesta y cuando contrariamente lo que se acciona es el freno, entonces el móvil se desplaza con mayor lentitud y por último, puede llegar a detenerse. De la misma forma, la ambición impulsa al hombre a obtener algo grande, como la riqueza, la fama, el poder o cualquier otro logro que desee intensamente, lo que lo motiva a realizar esfuerzos y hasta sacrificios en tal procura. Se comporta así como un motor, cuya energía potencia la imaginación y justifica el intento, si el objetivo puede ser finalmente alcanzado. Pero tal como la velocidad del automóvil incrementa el riesgo de provocar un desastre, también la ambición descontrolada puede terminar en descalabro y generar para el sujeto una considerable frustración.

En la antípoda conceptual de la ambición se ubica el conformismo, entendiendo por tal una actitud de complacencia y aceptación del estado de cosas presente, que conlleva como consecuencia a resistir cualquier intento de cambio al respecto.

También en su caso, ese conformismo tiene peligro y asechanzas, cuando el intento de conservar la situación actual se convierte en una quietud absoluta, que inhibe el progreso. Planteado así el tema, la ambición adquiere un papel activo en el devenir del tiempo, mientras que el conformismo tiende a asumir un rol reactivo, con los desvíos límites que en ambos casos se presentan y llevan al delirio o megalomanía y al inmovilismo o parálisis.

Lo que ocurre con los individuos también tiene lugar con la sociedad en su conjunto. Hay pueblos que muestran a lo largo de su historia, una tendencia a mantener intactas sus tradiciones y absorber la evolución de los tiempos sin estridencias, como ocurre con el Reino Unido, que llega a la democracia a través de las instituciones de la monarquía constitucional, naciente en 1215 con el reinado de Juan sin Tierra. Contrariamente, el caso francés es disruptivo y los cambios van siendo resultado de sucesivos hechos fractales, que tienen como apogeo la Revolución Francesa de 1789, en la que la monarquía absoluta de derecho divino es abatida, para dar paso a la Primera República. Tales ejemplos forman parte del eterno debate sobre las ventajas de conservar el status actual o remplazarlo drásticamente por otro ordenamiento o de aceptarse la necesidad de cambio, que el mismo tenga lugar por evolución o por revolución.

Al respecto son premonitorias las palabras de Paul Valery, cuando afirmaba : -“Las revoluciones hacen en dos días el

trabajo de dos años y luego destruyen en dos meses el trabajo de dos siglos"-.

Si se examina a continuación el caso de Argentina, el primer medio siglo de vida independiente presenta un escenario de cambios continuos, que a partir de la Constitución de 1853, el país inicia una evolución ordenada hacia el progreso. Más tarde, el ejercicio del voto universal desde 1912 y el movimiento de masas de Octubre de 1945, constituyen hitos de cambios estructurales que afectan definitivamente la vida del país. La sociedad nacional no se puede considerar de ninguna manera enrolada en el conformismo, sino envuelta en una ola permanente de protestas y reclamos de cambio, inspirados en el anhelo de un porvenir con mayor bienestar, armonía y progreso. Habría que preguntarse si sucede lo mismo con los argentinos en particular, tratando de establecer en qué medida la ambición o el conformismo determina su conducta. Lo paradójico parece ser que salvo en el terreno de lo político y lo económico, una significativa mayoría se inclina por practicar un conformismo que no condice con las ambiciones de la sociedad de la que forma parte.

Lo que resulta evidente es la influencia que tiene la edad en la tendencia del sujeto a comportarse movido por la ambición o por el conformismo. Esto es así, porque el joven tiene a la vista una larga perspectiva de vida y resulta natural que desee alcanzar logros significativos de todo orden, tanto en materia económica, como de prestigio social y de acceso al poder

político. Posteriormente, con el transcurrir del tiempo y alcanzada la edad adulta, las pretensiones para el futuro merman su intensidad, a la vez que crece la necesidad de preservar lo logrado. El hombre va mutando así, de una posición activa e inconformista, a otra más moderada y reactiva, de corte marcadamente conservador, tal como puntualizara Winston Churchill con su clásica ironía : " Quien a los 20 años no sea revolucionario no tiene corazón, y quien a los 40 lo siga siendo, no tiene cabeza". Cuando se extrapola la precedente reflexión a nivel de la sociedad en su conjunto, se entiende porqué los países en vías de desarrollo con población de menor edad promedio, registran más altos niveles de protesta, mientras que las naciones prosperas, con preponderancia de adultos y longevos, lo hacen en mucha menor proporción. También es dable señalar, que la permeabilidad al ascenso social es un índice que favorece evolucionar gradualmente con los cambios que marca el avance del tiempo, mientras que la inmovilización en estratos de mayor rigidez resiste el cambio y estalla por hechos revolucionarios, cuando se rebasa el límite de lo tolerable. Una simple revisión de la historia ofrece innumerables ejemplos.

La civilización avanza inexorablemente y los cambios que habrán de producirse son impredecibles. El aliento lo darán los ambiciosos y los inconformistas y su aporte será vital, aunque los excesos en que incurran en algunos casos traigan dolor y pena. Por eso, el rol de los jóvenes es primordial y debe concretarse, antes que la edad les reserve el destino de

conservar el acervo acumulado. De ahí el mandato imperativo que Rubén Darío sintetiza en su poesía :

Juventud, divino tesoro,
¡ya te vas para no volver!
Cuando quiero llorar, no lloro... y a
veces lloro sin querer...

LA TECNOLOGIA Y LA SOCIEDAD

Una forma sencilla de entender qué es la tecnología puede sintetizarse diciendo que se trata de una combinación de la ciencia aplicada, la ingeniería, la economía y la administración, con el objeto de producir masivamente los bienes que la sociedad demanda para satisfacer sus necesidades. A partir de 1945, en que se hace público el conocimiento de la fisión nuclear con el disparo de la primera bomba atómica y un poco más tarde en 1958, en que los rusos colocan en órbita el primer satélite tripulado por el hombre, se desata un vertiginoso proceso de aceleración del conocimiento científico, sin precedentes en la historia. Tan es así, que Prince y Ellis poco después dan forma a una elocuente ecuación, que resume las consecuencias del fenómeno:

$$K_t = K_o \, . \, 2^{t/12}$$

donde resulta fácil deducir, para el que sabe algo de matemáticas, que el saber de la ciencia acumulado por la humanidad -K- desde el comienzo de los tiempos, se duplica ahora cada 12 años. Tan extraordinario acontecimiento tiene aún mayor efecto sobre la tecnología, que en periodos todavía menores va colocando en el mercado nuevos productos. De esa forma, el cambio en los procesos productivos, en los modos de la gestión y hasta en el uso y las costumbres de las personas, experimentan un salto cuántico, tal como lo ocasionan la generalización de la informática, la génesis de la biogenética y más recientemente, la instantaneidad y universalidad de las comunicaciones. Las computadoras mandan al museo los archivos mecanografiados, los libros de contabilidad, la calculadora, la máquina de escribir, el fax y hasta una institución pionera de la era industrial, como lo es la oficina de correos. Ya en estos días el teléfono celular inteligente hace lo propio y decreta la desaparición casi absoluta del teléfono fijo, la cámara fotográfica, la filmadora, el grabador de sonido, el receptor de radio, el GPS y hasta el almanaque y el cronómetro, para no citar otros adminículos de menor trascendencia como la agenda, la lupa, la linterna, el despertador y quien sabe Dios qué otras cosas que escapan a la imaginación.

Seria largo y tedioso continuar con ejemplos de esta profunda transformación que se está gestando en tan corto tiempo, porque la realidad que se vive a día es suficientemente explícita. Conviene ahora tratar de ver que es lo que pasa con el Estado, como organización jurídica de los países-nación, mayormente institucionalizados en forma de repúblicas democráticas. La piedra basal de su estructura de derecho es la Constitución, que consagra la vigencia de tres poderes clásicos : ejecutivo, legislativo y judicial, así como los mecanismos para procurar su equilibrio e independencia. Todo ello procede de la concepción de Montesquieu en su obra "El espíritu de las leyes", publicado en 1747, es decir hace 270 años a la fecha. En ese tan largo intervalo y sobre todo en los últimos 50 años, los cambios acotados han dado lugar a la aparición de otros poderes que la Constitución no recoge en su texto, pero que la realidad muestra inexorablemente su presencia y gravitación. Nadie puede dudar de la existencia y efectos que sobre el contexto ejercen la prensa, las corporaciones empresarias, los sindicatos, la iglesia, las fuerzas armadas y las llamadas hoy ONG – organizaciones no gubernamentales-, como lo que en conjunto se reconoce como el capital social o la sociedad organizada. Al no quedar establecidas dentro del marco de la ley las incumbencias, estos poderes privados no institucionalizados operan como factores de presión y dan forma a un escenario de controversias y conflictos con los poderes oficiales del Estado.

Otro aspecto importante de la cuestión es el relativo a los trámites que lleva adelante el Estado y que popularmente se conocen con el nombre de burocracia -gobierno del escritorio-. Maniatada la gestión por el corset de las normas y los controles, sometida a los avatares de los cambios políticos y víctima de la rutina y el quietismo de los funcionarios, la eficiencia de la administración pública es muy limitada y no guarda relación con el ritmo acelerado que la tecnología impone a los acontecimientos. El papeleo, como vulgarmente se llama a los expedientes, duerme en las bandejas y anaqueles de los despachos oficiales eternizando su consideración y los limites inadmisibles de la demora se dan especialmente en el ámbito de la justicia, donde el número de folios se multiplica al infinito y se siguen cosiendo a mano los

legajos, logrando hacer verdad el aforismo norteamericano "justice delayed is justice denied" -justicia demorada es justicia negada-.

También el Estado es el responsable de la infraestructura y prestación de los servicios que la comunidad requiere para su subsistencia y bienestar. Agua potable, cloacas, energía, transporte y comunicaciones hacen necesario políticas de estado sólidas y permanentes en materia de inversión, mantenimiento y funcionalidad, a lo que se suman los requerimientos que demanda la seguridad y el orden público, la justicia, la educación y la salud. Todo lo cual debe llevarse a cabo en armonía con la actividad de los sectores privados directamente relacionados y satisfaciendo los requisitos de idoneidad, eficiencia y honestidad por parte de los responsables de su ejecución. Una asechanza que afecta seriamente el resultado de la labor del Estado es la corrupción de los malos funcionarios y más grave aún, la impunidad que no castiga tan deplorable conducta.

En todo este escenario, ¿cómo se aprecia el comportamiento del hombre actual y de la sociedad de la que forma parte?. El hombre de la segunda mitad del siglo XX ha experimentado lo que Pareto llama "la revolución de aspiraciones", buscando acceder a más altos niveles de consumo, prestigio social y acceso al poder político. Todo ello potenciado por el "efecto de demostración" y el impacto de los medios masivos de comunicación. Tales circunstancias han generado una

apetencia creciente por la posesión de los bienes materiales, en desmedro de la vigencia de ideales que servían de inspiración a las generaciones precedentes. El sujeto individual persona se ha convertido básicamente en el sujeto colectivo consumidor, prototipo de los estudios de marketing con que las corporaciones comerciales auscultan el mercado. Pero el paralelo fenómeno del cambio tecnológico y cultural le va agregando a la vida del hombre un nuevo y angustiante elemento: la inseguridad. En efecto, ya nada es perdurable, ni su empleo, ni su empresa, ni sus ahorros, ni sus propiedades, azotados por hechos fortuitos imposibles de predecir y prevenir. Acuciado así por tales peligros, el sujeto no tiene otra salida que atrincherarse en la soledad de su propia familia y hasta alojar a sus padres ancianos en un geriátrico, cuando el balance de gastos parece hacer esa alternativa como la más favorable económicamente. Queda lejos entonces el imperativo de la solidaridad con los demás, para dar paso al modelo actual, el hombre solo.

En cuanto a la sociedad del presente, es visible detectar sus fuertes incongruencias. Por un lado, muestra claramente el avance de los niveles de educación y de salud, beneficiados por el desarrollo científico y económico. Pero por el otro, van creciendo significativamente patologías e inconductas, como lo son los conflictos bélicos puntuales, la violencia ciudadana, la delincuencia, el narcotráfico, la corrupción pública y privada y la relajación de las costumbres tradicionales, hasta hacer de algunas instituciones como el matrimonio intergénero, una

rémora del pasado y del femicidio y la pedofilia, una noticia corriente. Buscar una explicación a todo esto no solo es difícil sino también necesario, si el objetivo es avanzar en la búsqueda de una sociedad mejor, de la utopía de un mundo feliz. Reflexionando sobre la cuestión quizá la respuesta más acertada resida en la asincronía con que la ciencia y la tecnología han crecido enormemente, mientras que el Estado y la sociedad lo han hecho en mucha menor escala y el hombre ha sufrido las consecuencias de tal disparidad. La computación, la cibernética y la robótica van reemplazando al ser humano de las actividades productivas, no solo en el plano del trabajo manual sino en el más elevado del planeamiento y la dirección. Y algo similar ocurre en todas las actividades y niveles reservadas originalmente al talento del hombre, con lo que se abre una expectativa de su reemplazo por la máquina, con la consecuente degradación de su intelecto y destreza. Algo así como las alegorías siniestras con que anticipan el futuro algunos relatos de ciencia ficción. El espectáculo de los jóvenes ensimismados en la manipulación de sus teléfonos celulares y conectados a redes virtuales en mayor proporción que con la realidad que los rodea, constituye un incontrovertible ejemplo de todo lo expuesto.

Cuando en 1932 Aldous Huxley publicara su maravillosa obra "Un mundo feliz", anunciaba con increíble anticipación las características de la sociedad del futuro, a concretarse siete siglos más tarde. En su delirante alegoría anunciaba el advenimiento de la clonación y la partenogénesis humana, la

hipnopedia y la extinción de la familia y la creencia en Dios, para dar lugar a la hegemonía de las corporaciones empresarias. Pero 26 años más tarde, precisamente en 1958, el mismo Huxley vuelve a editar una recopilación de artículos titulada "Una visita a un mundo feliz" y en la que reconoce haber errado en su predicción siete siglos para acceder a la utopía, ya que la realidad ha hecho cierta la clonación y tiene a la vista los restantes paradigmas.

Como Antonio Gramsci dijera alguna vez, uno puede mirar las cosas con el pesimismo de la inteligencia pero quizá sea más conducente hacerlo con el optimismo de la voluntad Y como tal, revalidar los valores de la calidad del hombre, por su carácter de ser superior de la creación y de la sociedad humana, como su más exitosa y brillante realización. Tal vez sea por eso que el propio Huxley inspirara su mundo feliz en el acto V de La Tempestad de William Shakespeare, cuando el personaje Miranda recitara el discurso siguiente:

> **¡Oh qué maravilla!**
> **¡Cuántas criaturas bellas hay aquí!**
> **¡Cuán bella es la humanidad! Oh mundo feliz, en el que vive gente así.**

Quiera el buen Dios que así ocurra todo.

LOS VALORES Y LA CONDUCTA

Hace algunos años, precisamente en 2009 y en ocasión de celebrarse en la Facultad de Derecho de la Universidad de Buenos Aires el congreso Internacional de Pedagogía Universitaria, con la colaboración de varios colegas presenté un trabajo titulado "Prevalencia – La prioridad de los valores". Allí afirmaba estar convencido que la transmisión de valores constituye la piedras basal de todo proceso educativo, surgiendo claramente la razón del título del aporte.

Ahondando en el tema y más allá de las múltiples acepciones que encierra el término valores, corresponde entender por tal el estado de ánimo por el cual una persona se inclina a hacer el bien y por lo tanto es apreciada y respetada por la sociedad de la que forma parte. Como ocurre en todo orden de la vida, se da también la alternativa de contravalores, oponiendo por ejemplo: compasión con crueldad, confianza con suspicacia, soberbia con humildad y la lista continuaría extensamente.

También resulta interesante establecer tres categorías de valores a saber : inmanentes, sociales, y actitudinales, que por su distinto origen y naturaleza merecen un párrafo aparte. Los llamados inmanentes son aquellos propios del ser humano y por lo tanto inseparables de su esencia. En gran medida proceden de la herencia ancestral y de los grupos primarios - familia, escuela, iglesia-, que marcan un biotipo característico de la etnia, región y cultura de su procedencia. Por su parte, los valores sociales resultan de la interfase con los grupos secundarios -universidad, empresa, sindicato, partido político, club-, dando forma al carácter del sujeto y a la voluntad de afirmarse en sus convicciones. Por último, los valores actitudinales definen la forma de comportamiento en relación al medio social y son el resultado de los valores inmanentes y los valores sociales que la persona revela poseer, respetar y practicar.

El sujeto, que ha absorbido tal cúmulo de antecedentes, va a desenvolverse en la sociedad mostrando un comportamiento afín. Como se afirma vulgarmente con el dicho -"lo que se mama no se olvida", a lo que se agrega también "lo que me enseñó mi padre". De ahí el rol fundamental que juegan en la sociedad la familia y la escuela, constituyéndose en canales de trasvasamiento de valores que dan perspectiva propia a cada generación. Por tal razón, es que preocupa seriamente la consolidación de ambas instituciones frente al proceso de relajamiento de las costumbres y de deterioro de nivel de la enseñanza.

El avance impetuoso de la tecnología y su incidencia en el uso y las costumbres, va debilitando las relaciones humanas hasta en el ambiente más íntimo del hogar, con el consiguiente efecto sobre los intercambios que deben tener lugar. Todo ello explica en alguna medida el brusco quiebre intergeneracional, que la moda banaliza con las denominaciones de generación X, generación Y, y actualmente con el simbólico termino milenians, aplicado a los nacidos a partir del año 2000.

Obviamente, esta es una cuestión mucho más seria, que debe tratarse tomando en cuenta que el devenir histórico de la sociedad es un continuo y no una suma de episodios fractales que no guardan relación entre sí. Resulta indispensable pensar que la tecnología por muy avanzada y útil que sea debe quedar subordinada al objetivo de hacer posible una vida mejor, y tal condición incluye necesariamente la calidad de las relaciones humanas de todo orden.

La conducta de los hombres en su conjunto define el perfil de la sociedad de la que son parte integrante. Así personas honestas, tranquilas y trabajadoras de ser mayoría, darán como resultado una sociedad confiable, pacífica y progresista, mientras que en el caso de quedar inficionada por la delincuencia y la violencia, la misma se tornaría inestable y decadente. En los días que corren, Argentina debate la posibilidad de hacer efectiva la primera de estas alternativas y esa lucha no es solo del momento actual sino que viene desde el fondo de la historia, cuando Sarmiento escribiera su obra más importante, El Facundo, y la subtitulara expresivamente "CIVILAZACIÓN Y BARBARIE".

Va de suyo pues, que dotar al individuo de los valores positivos es la mejor manera de transformarlo en un hombre cabal y solidario, y que por ese camino las sociedades pueden aspirar a su plenitud. Se confirma entonces la importancia y prevalencia de la transmisión de los valores, basamento de toda educación, tanto a nivel familiar como escolar y social.

Un papel trascendental en el proceso es el que juegan los hombres de gobierno, en su carácter de responsables del Estado y líderes comunitarios y al respecto, es interesante citar lo acontecido con el pasado presidente de los Estados Unidos, Barack Obama. En efecto, a despecho de su condición de primera potencia mundial la situación de ese país sufría en 2008 una crisis aparentemente sin límites, que devastaba las finanzas, las empresas, el consumo y el empleo y que por la globalización, se extendía al resto del mundo. La conmoción era tan grande que derribando mitos y discriminación centenaria, se exalta a la presidencia de la nación a un hombre de color. Así, al hacerse cargo de sus funciones el 20 de enero de 2009 para hacer el milagro de restablecer la prosperidad a la comprometida economía y volver a colocar a los Estados Unidos en la vanguardia del planeta, Obama lo hace pronunciando un trascendental discurso, cuyo contenido puede calificarse sin exageración como una pieza histórica. Cabe preguntarse el por qué de esta exaltada ponderación y en su directa lectura está la respuesta, ya que en efecto en las 2438 palabras que contiene su traducción al español, el flamante mandatario funda su argumentación en 53 valores, a los que invoca en 113 oportunidades, a razón de 1 cita de valor cada 22 palabras. Pone así de manifiesto que el destino del país y el éxito de su cometido solo será posible colocando por delante los valores que sepan aquilatar los hombres de su tierra, a los que convoca a seguir los pasos de los Padres Fundadores en las palabras de George Washington, su héroe máximo, cuando acosado por las circunstancias adversas en la guerra de la independencia, hace un llamamiento a la esperanza, la virtud y el coraje para enfrentar las acechanzas y los peligros. Se remata finalmente la alocución, afirmando que los hijos de sus hijos podrán apreciar que sometidos a prueba y con la gracia de Dios supieron llevar adelante el gran don de la libertad y entregarlo intacto a las futuras generaciones. De la lectura del texto íntegro, puede observarse que, nada dice de los instrumentos de que se valdrá en el plano concreto de sus acciones de gobierno, cuyo resultado dependerá de la pericia con que se conciban y ejecuten, pero que deben respaldarse en la prevalencia, en la prioridad de los valores, sin cuyo fundamento ninguna política puede dar buenos resultados. Para despejar cualquier duda al respecto basta finalmente tomar en consideración el siguiente párrafo de su mensaje : "Todos estos valores de los cuales depende nuestro éxito, trabajo duro y honestidad, valentía y lealtad, tolerancia y curiosidad, fidelidad y patriotismo, son antiguos. Son valores verdaderos y han sido la fuerza silenciosa del progreso a lo largo de nuestra historia". Para agregar a continuación "transformaremos nuestras escuelas, colegios y universidades para enfrentar los desafíos de la nueva era". Quizá estas sabias reflexiones hayan sido la base del éxito de su gestión, que en 2017 dejara al país recuperado de la crisis.

No sería tan ilógico pensar que tan brillante fuente de inspiración se encuentran en ideas que Aldous Huxley concretara en la frase siguiente: "La educación para la libertad debe comenzar exponiendo hechos y anunciando valores y

debe continuar creando adecuadas técnicas para la realización de los valores y para combatir a quienes deciden desconocer los hechos y negar los valores por una razón cualquiera".

EL YO Y LOS OTROS

Hasta aquí y con excepción del texto de la introducción, todo lo escrito está en tercera persona, pero dada la naturaleza de los sujetos que componen el título del capítulo, la redacción pasará ahora al modo vocativo. Cuando cada uno de nosotros nacemos, se incorpora al universo un nuevo individuo, distinto de todos los demás. La vida le confiere así la dignidad de un ser único e intransferible, que tiene a la vez el destino trágico de su desaparición definitiva, cuando se extinga la existencia biológica. Calderón de la Barca lo expresa bellamente en su clásica La Vida es Sueño, cuando Segismundo pronuncia el monólogo que empieza así :

¡Ay mísero de mí, ay, infelice!
Apurar, cielos, pretendo, ya
que me tratáis así qué delito
cometí
contra vosotros naciendo;
aunque si nací, ya entiendo qué
delito he cometido, bastante
causa ha tenido vuestra justicia y
rigor, pues el delito mayor
del hombre es haber nacido.

De esta forma y signado por tal destino, uno viene al mundo con el objetivo supremo de preservar la vida y los instintos se encargan de hacerlo efectivo. Es la vigencia del yo, en torno al cual gira el universo, toda vez que cuando ese yo se extinga el contexto dejara de tener para él vigencia alguna. Ocurre algo similar con la cosmografía, que coloca a nuestro planeta en el centro de la esfera celeste y los astros giran en círculos a su entorno, mientras que en la realidad sucede lo contrario, ya que es el movimiento de rotación de la Tierra la causa del fenómeno. Consecuentemente, la conducta del hombre se inspira en un natural egoísmo, el primo vivere de los romanos, indispensable como garantía de preservar la supervivencia.

Las conductas criticables aparecen cuando se exalta el egoísmo en detrimento de la necesidad de convivencia con los demás, vulnerando los lazos de solidaridad sin cuyo concurso no puede prosperar la sociedad. Si las flechas del ánimo de una persona apuntan solamente hacia adentro, tal situación asume el carácter de egocentrismo, entendiendo por tal la súper valoración del propio sujeto frente a los servicios que él puede prestar desinteresadamente a los demás. Se conforma así una personalidad mezquina y antisocial, encerrada en la custodia del beneficio para sí misma.

Pero las desviaciones pueden llegar aún más lejos, como es el caso de la egolatría, que hace culto o adoración del propio individuo, revistiendo de vanidad a sus actos e inclinándolo a una soberbia lamentable, condenada con el anatema bíblico del

Eclesiastés ¨vanitas vanitatum et omnia vanitas -vanidad de vanidades, todo es vanidad-¨. El caso de la megalomanía, trastorno mental que padece la persona que se cree socialmente muy importante, poseedora de enormes riquezas y capaz de hacer grandes cosas, marca el límite de la hegemonía del yo frente a sus congéneres.

Ahora tendríamos que preguntarnos quiénes son los otros, para poder completar el tratamiento del tema. Lógicamente, debemos tomar en cuenta en primer lugar a quienes nos rodean, vale decir los próximos a nosotros. La familia, los amigos, los compañeros de estudio y de trabajo, para seguir a continuación con los vecinos y en escala mayor, los compatriotas y hasta la humanidad en general, configurando una constelación cuyas fronteras alcanza hasta dónde puede llegar el sentimiento de altruismo que cada uno alberga en su corazón. No por nada las Tablas de Moisés incluyen entre sus mandamientos el de amarás a tu prójimo como a ti mismo y ese prójimo es tu próximo y el ámbito de tal proximidad lo establece la capacidad individual de prodigar su amor a los demás. Aparecen así las personalidades características del altruismo, como lo son la de benefactor y la de filántropo, que aman a los demás y los asisten en forma desinteresada. Desde el ejemplo que dan los comedores y albergues comunitarios barriales, hasta lo excelso de la entrega de vida de la Madre Teresa de Calcuta.

Aunque la generosidad no es una variable condicionada por la edad, puede entenderse que los jóvenes en esa primera etapa de la vida, necesiten crear las condiciones que le garanticen su propia seguridad y no tengan tiempo suficiente para dedicarlo al servicio de los demás, pero superados esos requerimientos en la edad avanzada, se multiplican las posibilidades de hacer mucho más en beneficio del prójimo, derramando su cuota de buena voluntad. Felices las sociedades que honran tales conductas y más dichosos aun los hombres que las practican para ejemplo de todos.

EL FIN DE LA VIDA

Más allá de lo transcendente, el tema admite dos acepciones igualmente importantes de examinar. Por un lado el fin puede interpretarse como término o conclusión de algo y por otro, como objetivo o logro a procurar. En consecuencia vamos a dirigir las reflexiones a cada una de ambas alternativas.

La duración de la vida, como periodo que se extiende entre el nacimiento y la muerte, marca el estrecho destino del hombre frente a lo inconmensurable del tiempo y lo infinito del universo. Apenas un destello, que inexorablemente va a apagarse. Cuando se es joven no se piensa en la muerte tan lejana, como bien lo expresa Tirso de Molina, dramaturgo español del siglo de oro, en su clásica obra "El burlador de Sevilla". Allí, el personaje central Juan Tenorio responde a las recriminaciones de sus amantes despechadas, que lo amenazan con el castigo divino a la hora de rendir cuentas al Creador, diciéndoles "tan largo me la fiais", en directa alusión a la lontanía de la muerte. Otra cosa sucede cuando avanza la edad y se van acumulando los años. Es entonces que vamos tomando conciencia de la finitud de la vida y hacemos un examen crítico de lo actuado, preparándonos para alcanzar la paz con Dios y la compañía y el afecto de cuantos amamos.

Ante la insignificancia de la extensión de la propia vida, habría que pensar si lo importante no reside en los logros y realizaciones que se concreten durante su vigencia y en tal

sentido la historia ofrece múltiples ejemplos, con aquellos hombres ilustres que la marcaron con su impronta. Siendo esto así, no cabe duda que desde siempre se ha venido reflexionando sobre el problema de para qué se vive y este ha sido desde el vamos uno de los temas básicos de la filosofía.

Dentro de un panorama tan vasto como el que ofrecen las opiniones sobre el fin de la vida, nos permitimos rescatar algunas que se conservan en la memoria. Así, Juan Zorrilla de San Martin, insigne poeta uruguayo del siglo XIX, en su poema Tabaré postula que "velar se debe en la vida, para que viva quede en la muerte", asignando como objeto principal de la existencia el militar en el cuidado del bien común. Rabindranath Tagore, Premio Nobel de Literatura de 1913 y que ya se ha citado en esta obra, afirma por su parte que la vida es servicio y que solo por ese camino se puede llegar a la alegría. Idéntico concepto recoge el credo de la JCI - Cámara Junior Internacional-, organización de hombres jóvenes de todo el mundo en el que se incluye enfáticamente que servir a la humanidad es la mejor obra de una vida. Mas poéticamente, Calderón de la Barca en 1635 da otra versión, en la obra de teatro titulada "La vida es un sueño", donde apunta la liviandad de la existencia en versos tales como "y los sueños, sueños son". Por su parte, William Shakespeare en el clásico monólogo de Hamlet, príncipe de Dinamarca, reflexiona algo parecido : "Morir, dormir. Quizá, soñar"

Más allá de las disquisiciones de alto vuelo, resulta del caso expresar aquí el propio pensamiento, con la humildad del que

sabe que no es sabio pero que intenta hacerlo con la experiencia aquilatada a través del tiempo. Creo sinceramente que la vida es un tránsito maravilloso que vale la pena recorrer, si en el empeño se pone la pasión necesaria para disfrutar las alegrías y soportar los dolores, para alcanzar los éxitos y remontar las derrotas, si se ha sabido amar, luchar, sufrir y disfrutar, entonces realmente se ha vivido de verdad. Cuando en el intento se ha podido dejar alguna obra, por pequeña que sea o impartido una que otra enseñanza positiva, tal vez el trayecto haya encontrado su justificación y el fin no se asume como un castigo bíblico, sino como una puerta al descanso merecido.

Me sentí muy impresionado cuando en mi época de estudiante universitario pude leer un ensayo de Gustavo de Corção, escritor brasileño de la primera mitad del siglo XX, titulado "El descubrimiento del otro", donde el autor relata con emoción su encuentro con Dios. Idénticamente para quienes como yo albergamos el mismo tesoro de la fe, la muerte se trata nada más que del tránsito a otra vida ulterior, más allá del tiempo y del espacio. Allí como dice el salmo :

El Señor es mi pastor, nada me ha de faltar.

COLOFÓN

Concluir aquí estas reflexiones constituye para mí una agradable sorpresa, pues desde que iniciara el trabajo albergué siempre la duda de poder ser capaz de llevarlo adelante y completar su redacción hasta el final. La pérdida parcial de la visión, que me fue afectando todo el tiempo sumó a su vez una gran dificultad, que solo pude superar dictando su texto a un par de esforzados y pacientes colaboradores. Solo restan agregar unas breves palabras para manifestar el placer de haberlo realizado y lógicamente, con el temor de que mis mezquinas aptitudes de pretendido a escritor, me hayan impedido expresar con claridad mi pensamiento.

Pero de algo estoy seguro y es que en el intento he puesto las mejores intenciones y el anhelo de dejar un modesto testimonio de vida. Si así lo hubiera logrado, me sentiría realmente satisfecho.

Printed by Books on Demand GmbH, Norderstedt / Germany